Muse und Minze

Walter Seymour Percy

Writat

Diese Ausgabe erschien im Jahr 2024

ISBN: 9789359945101

Herausgegeben von
Writat
E-Mail: info@writat.com

Inhalt

NATUR

GLÜHWÜRMCHEN

DIE trübe Nacht war feucht und dunkel

Der Sommerregen danach;

Das Stakkato-Bellen eines fernen Hundes

Das Lachen der Spaziergänger gestört;

Die traurige Klage des Peitschenarmen Willens,

Der Frosch- und Grillenchor

Ein seltsames, grabesartiges Gefühl verliehen

Zu Wiesengrund und Morast.

Tausend Insektenlaternen blitzten

Ihre phosphoreszierenden Signale

Von lebendigen Funken, die punktiert und gestrichelt

Aus schnellen elektrischen Rätseln;

Denn kaum war das Auge auf

Ein einzelnes winziges Glimmlicht

Als zwinkerte, huschte es und war weg

Wie ein schelmischer Kobold am Showabend!

Und während man die nächste Überraschung erahnte

Weit weg von dort, wo es schwand

Eine Vielzahl anderer für die Augen

Alles kreuzte sich und entzündete sich

Bis die gespenstische Dunkelheit

Beleuchtet mit Manövern

Als ob Feen Flammen schüren

In einem Park der Liebenden.

Und so verhält es sich mit der Fancy-People-Nacht

Mit flüchtigen Kreationen

Von Phantomleuten, deren unruhiges Licht

Und doch nährt es unsere Inspirationen

Und lehrt uns, dass es keine Dunkelheit gibt

Aber Gemeinschaften die Anwesenheit

Von jeder Seele, die ihren Funken versprüht

Von bescheidener Glut.

BO-PEEP

ÜBERALL schwafele ich

In den Iden des Mai,

Durch die Äste und Brombeersträucher

Die Waldnymphen spielen.

Wo die Sonne tupft

Alle Schatten kriechen

Unter den knospenden Äpfeln,

Tänze Bo-Peep.

Drüben, wo die Moose sind

Machen Sie eine Bettdecke

Was der Frühling prägt

Mit einem grünen Bund,

Aus dem langen Winterschlaf

Verträumter Schlaf

Wacht mit Frühlingsgrübchen auf

Kleiner Bo-Peep.

Veilchen und Blautöne

Verschmitzt gucken;

Mönche mögen Zwergdruiden

Spielen Sie Verstecken;

Über jedem Baumstumpf ein Streikposten

Spione mit List tief,

Und in jedem Dickicht

Winkt Bo-Peep.

PEEP-OF-DAWN

DAS Tallyho des Schlafes läuft

Die letzte Staffel der Träume;

Im Eiltempo reitet es mit gezogenen Bändern

Über kurvenreiche graue Teams.

Das Haus am Wegesrand ist gerade zurückgeblieben

War das Where-the-Cock-Crew Inn;

Die Straße vor uns ist mit Rosen gesäumt

Und bekannt als Work-to-Win.

Berauschte Sinne sinken

In Visionen der Freude;

Und das Auge der Venus beginnt zu blinzeln

Wo es die Nacht überdauert.

Schlaue Finger heben die Fensterläden,

Doch ehe man sie erblickt, sind sie verschwunden;

Und auf die schläfrigen Melkerinnen

Auf Zehenspitzen geht der Morgengrauen entgegen.

Frau Natur liegt in Hingabe

Mit Röcken in Unordnung,

Und überrascht

Wird vom schleichenden Tag geküsst;

Die Verstecke reiben sich die Augen und wachen auf,

Und träume von Liebe bald

Geht weiter auf dem Rosy Road, um

Ein Stelldichein mit Peep-of-Dawn.

DER RILLY RIVER

DIE kalte und trübe Flut des Frühlings

Ist zur Sommerflache geschmolzen,

Und jetzt haften die lebendigen Grünpflanzen

Entlang des Randes üppig und brach,

Und wo waren düstere Tiefen und Schauer

Sind silberne Triller aus plätschernden Rillen.

Der Herumlungerer auf der Brücke

Welche über dem wirbelnden Fluss balanciert

Begrüßt den Sandrücken der Insel

Das taucht wieder auf; das Auge freut sich

In all dem altbekannten Schnickschnack

Und freche Wellen plätschernder Bäche.

Die Rute und die Rolle vermitteln ein verzücktes Gefühl

Und vom Boot aus gehen Sie finnische Risiken ein,

Aber weniger aus Glück als mit dem Kiel

Ein Teil von Runentänzen sein;

Denn so begeistert die Musik des Flusses

Wie Freude, die die plätschernden Bäche erfüllt.

KIRSCHEN

KIRSCHEN ! Kirschen! Kirschen!

Die Rotkehlchen sind aufgeregt und erfreut

Endlich den Fahrpreis ändern;

Denn es waren Käfer, Maden und Schnecken

Vor über zwei Monaten.

Jetzt geht es von den Kirschen bis zu den Beeren

Reife voll und schnell.

Kirschen! Kirschen! Kirschen!

Die Rotkehlchen sind aufgeregt und verängstigt;

Da ist ein Mann auf dem Baum

Mit großer Perücke und Rigg

Das würde eine Meise erschrecken –

Aber ein Rotkehlchen – sieh ihn schaukeln

In einem feierlichen Gespräch!

Kirschen! Kirschen! Kirschen!

Die Vogelscheuche wird angeklagt und bestraft

Mit einer Tasche voller Eier

Babyblau, auch mit ihnen

Machen Sie Schnabel und Beine fertig

Für den Sommer ist das ein echter Hingucker

Wenn die Kirschsaison beginnt.

Kirschen! Kirschen! Kirschen!

Die Rotkehlchen sind aufgeregt und erfreut –

Nicht das Rotkehlchen, aber die Art

Diese Sonnenfinsternis mit Kirschlippen

Und sind kein bisschen im Rückstand

Robin Jerries stiehlt Kirschen

Wenn der Dummy nur ein Blinder ist.

EINE SCHNEEFLOCKE

Stern aus Reif MIT MILLIONEN NADELN ,

Kleiner Drachen mit dem Fallschirm steigen lassen

Segeln an meiner Hüttentür vorbei,

Aufgewühlt, durcheinandergedrängt, märchenhaft –

Wohin, wohin, woher und warum

Kommst du aus Kristall

Vom Himmel, vorbeieilend

Wie ein verlorener Brief?

Leise seufzte die Schneeflocke

„Lies mich, während ich mich ein wenig ausruhe!"

Also las ich das Woher und Warum;

Denn die Schneeflocke ist ein Lächeln,

Schmelzender Himmelstau erstarrte

Damit wir seine Schönheit nicht verpassen,

Die Liebe wird durch ein Wunder offenbart

Auf den Flügeln der Pflicht!

Der Schneesturm

DER weiße Bimsstein des Sturms

Liegt über Haus und Hügel

Oder in eine Leichentuchform gedriftet
Über die zerstörte Mühle.

Die Zäune verstecken sich unter den Schneeverwehungen;
Die verschneiten Terrassen
Steigen Sie dorthin auf, wo sich die Hemlocktanne erhebt
Sein jungfräuliches, besticktes Kleid.

Die Herausforderungen auf der spurlosen Autobahn
Die schwüle Karawane
Von Verkehr und in Schnelligkeiten
Von Kreide hält der Mensch gefangen.

Die Windwölfe heulen die Hüttentür an
Oder den Schornsteinsprung hinunter;
Die Fenster sind alle mit Raureif umrandet
Wo gefrorene Finger kriechen.

Der Hausrahmen ächzt vor Wind und Frost
Wie eine Beute des Rudels
Überholt, aber zerrissen und hin und her geworfen
Immer noch stark im Herzen und auf dem Rücken;

Immer noch tapferen Herzens wie wir sicher
Durch rötliches Feuer warm,
Zu demütig dankbar, um arm zu sein
Während Sie vor dem Sturm geschützt sind.

ZUCKERABZUG

ESSENZ von allem, was süß ist, welche Freude
Um deinen Bernstein fließen zu sehen

Und schlürfe deinen Nektar, bis er süßlich wird
Oder auf Schnee wachsen!

Welch eine Freude, die rieselnden Adern zu beobachten
Von unserem alten Ahornfreund
Und wisse, dass der Frühlings-Odin regiert
Als Erbe des Winterendes!

Trinkt auf den Frühlingserlös,
Das Ichor der Knospe,
An alle aufsteigenden Hoffnungen, die singen
Vom Leben und der Liebe!

Trinke die Süße, die in dir verborgen ist
Durch sanftere Melodien destilliert;
Lassen Sie die Natur Zucker ab und bieten
Möge ihr freundlicherer Becher gefüllt werden!

Die Puppe

KOMM aus deinem Winterpanzer, altes Würstchen
Von Hörnern und knusprigem Twist,
Und mit deinen Kollegen Ellbogen reiben
Eher ein Humanist!
Eine Spiralrüstung ist sehr gut
Für seine exzentrische Kurve,
Aber keine düstere Einsiedlerzelle
Von zynischer Zurückhaltung.

Komm aus deinem Winterpanzer, alte Schnecke
Von schlafendem Sinn und Seele!

Du bist viel zu rund und hart und selbstgefällig;

Dein Sommer-Ich entrollt sich

Und zeig, dass du noch etwas Natur übrig hast

Dem ein luftiger Flügel entsprießt;

Der Mensch ist des Humus beraubt

Wer kann auf den Frühling nicht reagieren?

Komm aus deinem Winterpanzer, alter Wurm

Aus eingewickeltem Spinnweben,

Wenn Sie Ihre schuppige Derm platzen lassen würden

Und lass den Geist sich regen;

Denn schließlich für bessere Dinge

Ein Mensch ist geschaffen

Als mit gefangenen Flügeln zu liegen

Eine halbtote Puppe.

WENN ICH EINE UMFRAGE DURCHFÜHRE

„ ES IST Mitternacht und ich bin auf dem Land!"
Die Welt ist still und alle Lichter sind aus
Außer denen, die das Firmament übersäen
Überall mit Diamantclustern.

Wie der königliche David, der über den Himmel nachdenkt
Ich stehe unbedeckt, zerrissen und vom Kampf erschöpft da
Und von meinen scharenden Meditationen angetrieben
Von Spektralbären und Löwen; aber nicht wie er
Siegreich für die Raben, die ich geschlagen habe
Waren moderner Stolz und Zweifel, die meinen Glauben verfolgten
Für sein Mutterschaf-Lamm des Vertrauens und an der Kehle

Hat es mir weggezerrt und in den meckernden Tod gebracht.

Mein Stab ist kaputt und die Schriftrolle, die ich gelesen habe
Tausend Nächte wie diese liegen zerknittert dort
Ich schleuderte es, als flüchtete ich mit fiebernder Stirn
In spöttischer Ernüchterung und Verzweiflung
Von ausgebrannten Dochten, die immer noch im Öl spritzen
Der Selbsterleuchtung mit dem Quizz

"Was bin ich? Was zum Unendlichen BIN ICH ?"

Gott! Wenn die Antwort in geistiger Arbeit wäre
Oder als Echo von Whatever IS !

Die Sterne lächeln ungetrübt und ruhig auf mich herab.
Meine Seele! Bin ich seit so vielen Jahren blind?
Zu all der Herrlichkeit, die mir durch den Kopf geht

Und überwältigt von der Herausforderung meiner Suche?

Orion mit Juwelengürtel und hinten
Er hetzt seine Hunde in einem mächtigen, seltsamen Kampf
Mit rotäugigem Stier!

Und der Wagenlenker
Mit voller Karriere dem Ziel entgegen!
Die dreimal unsterblichen Zwillinge jagen nebeneinander,
Das Rennen anfeuern, aber außerhalb der Reichweite bleiben
Von Ursas langen, schlanken Pfoten und seinem riesigen Körper
Webstühle am Polarkreis!

Weiter südlich
Die kauernde Gestalt des Löwen mit leuchtenden Augen
Und schattiger Mund!

Der Pflüger der Lüfte,
Stolz auf den Ruhm von Arcturus!

Und Herkules
Seine riesige Ferse auf den Fangzahn setzend
Vom unhandlichen Drachen; während darüber hinaus
Die Schlangenkrone macht die Tat lächerlich!

Weit über ein paar Grad
Imperial Vega reitet am Horizont,
Von Lyra auf der Harfe gespielt, als ob der Morgen sang
Die Entstehung von Systemen, die Gott verordnet hat.

Schon von weitem leuchtet das Nordkreuz
Wo sonst war nur Tristesse und Dunkelheit,
Wie ein flammendes Symbol einer heiligen Sache
Welches seine Flagge den Winterbogen hinauf trug
Und göttlicher glühte mit heiligem Feuer
Als die mit Tiara geschmückte Dame des Stuhls
Mit blendenden Blicken, oder als ihre Tochter, die
Der ungestüme Perseus, der sie für so schön hielt,
Geliefert durch das Recht der Leidenschaft von
Das Biest mit seinem weit geöffneten Maul der Widerlichkeit.

Auch den Adler mit den Argusaugen würde ich nicht vermissen
Und schnell auf den Flügeln der Nacht.

Wie! Nenne diese Nacht,
Mit tausend tausend Sonnen im zeitlosen Raum
So groß, dass die Entfernung keine Parallaxe erzeugt
Und unzählige Jahrhunderte würden vergehen, bevor das Licht
Vom entferntesten Wanderer könnte man brennen!

So gewaltig sind jene Feuer hundertfach

Leuchtender als das unsere wiederum für sie,

Und es würde sich in die falsche Richtung auflösen

Vom Leitstern der Erde hier bis zum Pol!

So groß, dass so zahllose Heerscharen kreisen

Im Einklang, kein zusammengefügtes Ganzes

Der vollkommenste Mechanismus des Menschen bewegt sich,

Doch damit rühmt er sich des ewigen Mittags

Als ob die Elemente, die er später verbessert,

Und spielt sie in einer triumphaleren Melodie.

Was! Nennen Sie diese Nacht und unser kleines Zifferblatt Tag

Denn dadurch sehen wir uns selbst und dann

Als bloße Automaten! So ist der Weg

Von überbewussten Männern; warum, selbst ich

Eine Stunde zuvor nannte man das Licht eine flackernde Lampe,

Philosophie das Palimpsest der Pedanten,

Das Universum eine Papiermaché-Schrift,

Während die Tinte des Egoismus noch zu feucht war

Und es flossen Spekulationen.

Aber als ich den Great Highway of Pearl betrete

Das sich in Diamanten verwandelt, wo seine Rosse Hufe treffen

Und Wagenräder wirbeln über der Arena

Bis der Kurs blitzt aus Feuerstein und Feuer –

Wie meine Seele erbebt bei dieser realen Vision von

Die Wahrheit, die keine Lippen aussprechen können – mit Verlangen

Den Schöpfer spüren, nicht benennen!

Nacht ist Tag

Den Augen, die die Tagessonne der Erde geblendet hatte

Aber nun seht Herrlichkeit, Majestät, Plan,

Liebe ewig gesinnt, Wille göttlich,

Weihrauchfässer schwingend, den Raum mit Thronsälen füllend,

Die Zeiten des Schicksals ordnen,

Musik machen und Absichten offenbaren

Perfekt, aber undenkbar, doch im Menschen

Als Reaktion darauf einen Naturakkord stimmen

Zu flüchtigen Noten eines melodischen Plans,

Um die Funken eines Meisterzaubers zu verstreuen,

Dass wir genug Verstand hätten

Vor Gefühl der Theophanie zu pochen,

Einfach genug Ehrfurcht vor dem Unbeschreiblichen

Aus unserem punktgenauen Nichts zum Weinen

„Was ist der Mensch, dass Du an ihn denkst?

Und was ist er, dem er einen Namen geben sollte

Was wir mit stolzen Lippen loben können,

Eine Gestalt der Person des Großen, ICH BIN

Bevor wir uns dazu herablassen, Ihn als GOTT ANZUBETEN ?"

PAUPACK

WOHIN Wasser, sanft fließend

In deinem felsigen Kanalrennen,

Doch schon bald wird es lauter

Über die Steine, die dein Tempo aufhalten –

Sanfte Gewässer, wohin geht's?

Während sie sich beeilten, lachten sie lauter,

Während sie liefen, machten sie Musik,

Noch tiefer gruben sie den Fels

Und eine gestohlene Flucht begann

Die Hälfte in Klippen und Abgründen begraben.

Durch die Engen wirbelten sie,

Sie sprangen in einer wilden Kaskade

Und ein gebetteter Felsbrocken verschmäht

Sie machten eine neblige Iris,

Sprühen Sie, um das Spektrum unruhig zu drehen.

Wildlingsgewässer also romantisch

Durch die Schlucht in der Karriere der Freude,

Bewaldete Hexerei verstärkend,

Paupack malerisch und lieb,

Eile weiter, immer tanzend!

Lass deine Pilgerfahrt und dein Lachen

Beschleunigen Sie eine Algonquin-Ader

Bis ich dem Köder folge

Spült erneut alle Sinne

Wie der Süßwasserspiegel;

Bis, o Paupack, jede Erosion

Meiner Natur nach ist es bei Flut

Mit einer primitiven Emotion,

Mit einem Impuls des Blutes,

Singend weiter in Richtung Meer!

KAMIN

MUTTER

NUR ein Link führt zu uns allen
Eine nie versagende Bindung,
Nur ein Gedanke an die Erinnerung an die Zeit
Lässt die ganze Welt reagieren.
Es gibt liebe Bindungen, die uns eng verbinden
Als Eltern, Freund oder Bruder;
Aber Gott ist ein universeller Erwählter
Im lieben Namen „Mutter!"

Nur ein Gesicht ist kein Fremder
Irgendwann auf jeder Seite,
Nur eine Liebe, deren heiliger Kuss
Nur wenige wurden geleugnet;
Und ob wir es schätzen
Oder seine Zuneigung erstickt,
Und dennoch der Abendmahlskelch der Welt
Ist der liebe Name von „Mutter!"

Nur eine Berührung der Natur macht es aus
Wir fühlen uns bestenfalls gleich,
Nur ein Geschenk für uns
Überwiegt den Rest;
Und ob gut oder böse, wir
Sind menschlich zueinander
Wenn unsere heiligste Erinnerung
Ist der liebe Name „Mutter!"

SCHWÄTZER

FRÄULEIN CHATTERBOX , kommen Sie her und erzählen Sie

Ich alles über den Zauber der Feen

So neu für dich, aber seltsam für mich

Bis Sie sein Geheimnis wieder aufleben lassen!

Auch ich erfreue mich an Sommerlauben

Aber du verzauberst die Vögel und Blumen;

Auch ich freue mich über sonnige Ecken

Aber Sie machen Musik aus den Bächen!

Miss Chatterbox, der geheime Anteil

Von all der Magie der Luft!

Wie kommt es, dass der Wind des Waldes

Das Flüstern der Bäume sein?

Wie kommt es, dass das Echo durch ihren Bildschirm

Um die Streiche der Elfen unsichtbar zu machen?—

Die buschigen Schwänze und die perlenartigen Augen

Der Zauberer und die Kewpie-Spione?

Miss Chatterbox, lautete das Rätsel

Von den blutenden Herzen am Zaun,

Von dem Aufstand auf dem Feld

Wo Butterblumen und Gänseblümchen nachgeben;

Wo schläfrige Kobolde Kleesüßigkeiten schlürfen

Und Bobolink trifft sich mit Amor;

Wo Brownies drüben auf dem Hügel sind

Die Puffbällchen der Weiderolle.

Miss Chatterbox, wie ist das passiert?

Dass du in all diese Hexerei hineinpasst;

Dass in deinen Füßen die Feen tanzen

Und aus deinen Augen blicken die Sonnengeister;

Dass in deinen Locken elfenhafte Knicke sind

Und in deiner Wange zwinkert ein Amor;

Die Waldnymphen klatschen mit deinen Händen

Und du bist das Gegenzeichen der Natur?

WENIG STRUMPF

LISTIG , geduldig stricke ich dich,

Kleiner Strumpf,

Währenddessen die Maschen zählen;

In liebevollen Gedanken passe ich zu dir

Beim Schaukeln

Hin und her, hin und her, mit einem Lächeln,

Auf die Babyfüße küsse ich

Oder im Schlaf abwesendes Fräulein,

Träume strömen, kleiner Strumpf,

So was.

Geschickt, wehmütig webe ich dich,

Ineinandergreifend

Die Stränge rein und raus und herum;

In zärtlicher Erinnerung verlasse ich dich,

Kleiner Strumpf,

Während der Wollfaden abgewickelt wird,

Und ich denke an Babyfüße

Sie werden abdecken, wenn Sie fertig sind,

Halb spöttisch, kleiner Strumpf,

So süß.

Kunstvoll trete ich dir bei,

Kleiner Strumpf,

Klicken Sie auf die Nadelenden;

Liebevoll forme und fühle ich dich,

Herz spricht

Während sich der Stoff verjüngt;

Werden die Babyfüße wahr sein?

Zu den Träumen, die ich in dich gewebt habe?

Kleiner Strumpf, kleiner Strumpf,

Adieu!

Elfengesichter

UM mich herum versammeln sich Rosenbäckchen,

Sauber und frisch wie Pfirsiche,

Lächelnde Töchter der Griechen,

Mit goldener Zunge und Reden.

„Papa, sag deinen kleinen Mädchen

Alles dreht sich um die Feen!"

Meine Güte! Sie hatten alle Locken

Und Amorlippen wie Kirschen.

Ja, tatsächlich, und sternenklare Augen

Und fröhliche kleine Grübchen

So etwas wie eine schlaue Überraschung
Versteckt in listigen Schleiermänteln.

Ja, und funkelnde Babyfüße
Tanzen inmitten der Blumen,
Den süßen Honig sammeln
Durch die Morgenstunden.

Aber in der Dämmerung ist die Zeit
Jeder wird ein Brownie,
Einen schläfrigen Reim murmelnd,
Wächst weich und flaumig

Bis – sag, ich erkläre, dort entspringt
Von jeder Schulter nach oben
Flauschige kleine Engelsflügel
Die sie zuerst umhüllen,—

Dann muss ich mir die Augen reiben
Alle wachsam und ängstlich,
Denn direkt aus dem Fenster fliegt
Jede einzelne Fee

Und ich bin dort ganz allein zurückgeblieben,
In die Ecken spähen.

Kleine Elfengesichter verschwunden
Lassen Sie die Trauernden zurück.

SÜSSES STEEN

KLEINE, ZU KLEIN gewordene Schürze
Dort hinter der Tür hängend,
Selten gesehen,
Überall voller Knospen
Wie die Gestern, deren Schaum
Nur teilweise ausgewaschen –
Was meinst du?
Indem wir eine solche Zeit wieder aufleben lassen
Wie ein Phantom, das in die Flucht geschlagen wird
Bis es läuft, um zu bereuen und zu reimen?

Ah, es ist traurig, daran zu denken –
Missy, dass du früher gepasst hast
Bis dazwischen
Oben und unten war ein Blick,
Jetzt trägt er Stile aus Frankreich;
Denn leider ist sie gewachsen
Süße sechzehn,
Mit der Einbildung einer jungen Dame
Und seine aufkeimende Eitelkeit –
Sechzehn, Schürze und süß!

JUNGE

JUNGE , du bist das Werk der Ewigkeit,
Zerstreuung durch die Lichtungen und Bäche der Schöpfung –
Über die Weisen lachen
Und alle Seiten füllen

Von ewiger Zeit mit deinen Hoffnungen und Träumen!

Junge, du bist das Werk der Natur,

Vermischung von Erde, Luft und Feuer –

Im Bewusstsein und Merkmal

Eine jugendliche Kreatur

Mit aktivem Geist und nie müden Gliedern.

Junge, du bist das Werk der Freude

Und wollte die Welt mit lustvollem Geschrei erfüllen,

Mit Lachen, nicht mit Traurigkeit,

Mit dem Guten, nicht mit dem Bösen,

Mit voller Zuversicht und nicht mit Zweifel!

Junge, du bist das Werk des Himmels,

Ein Gedanke, der Welt einen schönen Erben zu schenken –

Ein lebendiger, fröhlicher Sauerteig,

Ein Geist, der edel getrieben ist

Die Zukunft ausprobieren und göttlich wagen!

EIN KINDERKREUZ

WIE werden wir durch die einfache Bitte der Kindheit gelehrt?
Unser größtes Bedürfnis und unsere arme Deformität
Wenn ein solches Kind jede Vesperstunde beten könnte,
„Herr, mache mich gesund und nimm mein Kreuz weg!

„Damit ich Freude und Liebe teilen kann,
Damit ich lebe, um zu arbeiten und zu lernen
Und das morgen kann heute erlösen,
Herr, mache mich gesund und nimm mein Kreuz weg!“

Die Hilfe kam nicht herab, als der Schrei aufstieg,

Nicht wie der Durst beim Geben des Kelchs;

Armer Kleiner, wenn wir das nur sagen könnten

Gott hat ihn gesund gemacht und sein Kreuz weggenommen!

Auf diese Weise bringen wir unseren eigenen verzerrenden Kummer mit

An unseren geliebten Arzt um Erleichterung;

Und als unsere Last legen wir dir zu Füßen,

Herr, sag, es ist gut, und nimm unser Kreuz weg!

So bringen wir auch unsere sündenverkrüppelte Seele

An unseren großen Heiler, der uns heilen kann,

Und dort neben Seinem Kreuz, nicht unserem, beten wir:

„Herr, mach mich gesund und nimm meine Sünden weg!"

Ach, die Zeit kann Schmerz und Sorgen lindern;

Wer weiß, was die Antwort auf Gebete ist

Oder warum zerbricht der Töpfer den fehlerhaften Ton?

Herr, mach uns schön auf Deine Art!

DER JUNGE MILLIONÄR

JUNGE, ich bin hundert Millionen wert

Und ich bin sechzig Jahreszeiten alt,

Aber du bist ungefähr eine Milliarde wert

In einer anderen Art von Gold!

Ich habe das Geld, du hast den Schatz,

Du hast die Zukunft, ich habe die Vergangenheit,

Ich habe die Macht, du hast das Vergnügen,

Meines ist vergänglich, Ihres wird bleiben.

Wenn du durch den Klee pfeifst,

Die Hummel fangen,

Wenn der Bach überläuft

Und die Forellenleine geschickt

Fühlt den Wirbel – wer kann anbieten

Du bist ein göttlicheres Königreich?

Ich habe eine überquellende Kasse

Aber ich würde alles gegen deines eintauschen.

EIN SCHLAFLIED

KLEINES Vögelchen, falte deine Flügel,

Kuschel dich in dein Nest;

Während der Wind deine Wiege schaukelt,

Ruhe dich aus, Vögelchen!

Oh, so klein und warm und nah

An die Brust deiner Mama!

Oh, so frei von Schaden und Angst!

Geh zur Ruhe, geh zur Ruhe!

Kleine Blume, verbirg dein Gesicht,

Denn es ist Abendzeit!

In der Umarmung der schläfrigen Nacht,

Blümchen, versteck dich!

Oh, so klein und schön und still

An deiner Mamas Brust!

Ach, so frei von Sorgen und Krankheiten!

Ruhet euch aus, ruht euch aus!

Kleines Baby, schließe deine Augen;

Feen kommen für dich

Aus dem Land der Schlaflieder,

Wo mein Baby sein wird

Oh, so glückselig, während sie schläft

An Mamas Brust!

Und ich küsse ihre lächelnden Lippen;

Sie ruht, sie ruht!

DAS LETZTE LIED

NUR noch ein kleines Lied, Mutter,

Bevor ich schlafen gehe;

Denn du hast mein Herz oft beruhigt

Sanft und tief schlummern.

Bevor es dunkel wird, sehne ich mich, Mutter,

Für deine liebe Stimme, die scheint

Um dein sanftes Gesicht zu einem Teil zu machen

Von goldenen Träumen der Kindheit.

Nur noch ein kleines Lied, Mutter,

Bevor ich zur Ruhe sinke;

Denn du hast meine Ängste oft beruhigt

Auf deiner zarten Brust.

Deine Liebe war so groß, Mutter,

Mit der sicheren Ruhe der Kindheit

Auf Lippen, die seine Tränen wegküssten,

In Armen, die es festhielten.

Nur noch ein kleines Lied, Mutter,

Bevor ich vom Himmel träume

Wo Sterne und Blumen lächeln und leuchten
Und Engelsharfen überraschen.
Doch nicht in der himmlischen Menge, Mutter,
Gibt es ein lieberes Gesicht,
Ein süßeres Lied oder eine süßere Seele als deine
Das Gloryland zur Gnade.

JUGEND

Eine VISION des Morgens,
Ein Funkeln von Tau,
Mit Rosen verziert
Die Pilgerreise des Lebens durch;
Nur Freude und kein Leid,
Kein Problem zu leihen,
Ein endloses Morgen,
Und die Liebe ist immer wahr.

ALTER

In der Dämmerung SITZEN
Und am Feuer sinnieren
Bis zum Geist der Heimkehr
Nimmt Flügel des Verlangens an;
Und das, was hätte sein können, wird heller
Und die zukünftigen Dinge erhellen sich
Und die himmlischen Gefilde werden größer
Und die Heiligen inspirieren.

GEFÜHL

EINE KRÖNUNG

LIEBER , auf deine Stirn setze ich eine Krone,

Unsichtbar und doch selten;

Kein juwelenbesetztes Gold, das belastet

Mit Königtum und Sorgfalt.

Ich bringe dir nichts als meine Liebe

Und was meine Hände gewinnen können,

Und doch kröne ich dich, Liebling, oben

Die stolzeste Königin eines Königreichs.

Ich küsse jede deiner glänzenden Locken

Leicht um deinen Kopf gewickelt,

Und die Herrlichkeit der Frau wird göttlich

Mit dem Aurora-Schuppen der Liebe.

Wenn du den Rest nur vergessen kannst,

Die Edelsteine, die ich nicht mitbringen kann,

Dieses Juwel wird dir am besten gefallen

Für mich, deinen geliebten König.

Lieber, in meiner Seele hast du einen Thron

Ganz weiß und himmlischgold,

Und auf deine Stirn setze ich eine Krone

Das entfaltet sich in meinem Herzen.

Ich werde am Ufer zuschauen

SIE küsste mich, als wir uns trennten, –

Ich soll den stürmischen Main segeln,

Sie soll das kleine Häuschen behalten

Gemütlich, bis ich wiederkomme;

Und ich erinnere mich gut

Was sie immer wieder versprochen hat: –

„Wenn du vom Meer gesegelt kommst

Ich werde vom Ufer aus zuschauen!"

Ich war also ein lustiger Skipper,

Aufrollbares Seil oder Reffsegel;

Ich bin in so manchen fernen Hafen eingelaufen,

So manches heimkehrende Schiff wurde heimgesucht.

Wenn ich eine Nachricht gesendet oder erhalten habe,

Immer trug es das Versprechen:

„Wenn du vom Meer gesegelt kommst

Ich werde vom Ufer aus zuschauen!"

Der Tod kam gähnend im Sturm;

Wild und hoch flog der Gischt,

Und von schwindelerregendem Deck und Masttop

Oft dachte ich, meine Stunde sei gekommen;

Bis ihr liebes prophetisches Versprechen

Sang über dem Tosen der Wogen:

„Wenn du vom Meer gesegelt kommst

Ich werde vom Ufer aus zuschauen!"

Aber ach! Einmal beherbergte ich

Sie schlief weiß und still

Wo der Efeu ein Spalier bildete

Vom Aussichtspunkt auf dem Hügel;

Und der kalte gravierte Marmor

Doch das Abschiedsversprechen lautete:

„Wenn du vom Meer gesegelt kommst

Ich werde vom Ufer aus zuschauen!"

—————

Ich gebe dir mein Versprechen

Ich GEBE dir mein Versprechen, Liebling,

Mit deinen lieben Lippen auf meinen,

Dass uns nichts mehr fernhält

Die Versiegelung dieses Zeichens;

Während ich durch die Welt wandere

Durch die Hoffnung auf Glück beschleunigt,

Die Zuneigung meines Herzens wird wachsen

Für Dein Versprechen, mich zu heiraten.

Ich gebe dir das Zeichen, Liebling,

Wessen Kreis auf deiner Hand

Gott gebe, dass es nie gebrochen wird,

Wie fern das Land auch sein mag!

Denn wo es dem Himmel gefällt

Um meine irrenden Füße zu führen,

Dieses kleine Zeichen gegeben

Werde das Versprechen halten, süß.

Ich übergebe dir die Obhut, Liebling,

Von meinem eigenen Herzen, das fleht

Für die unmittelbare Ernte der Liebe

Und mit dem Abschied blutet;

Aber ich mit Armen, die dich halten

Muss auch für dich arbeiten;

Und so umschließe ich dich schnell

Und sag dir, Liebling, Lebewohl!

KAMMERROSEN

DRÜBEN im Dolorosa Saal,

Romantische Erinnerungen atmen,

Es gibt einen urigen alten Raum mit geblümten Wänden

Von Rosen, die sich verflechten,

Der Schlüssel an der goldenen Kette, die ich trage

Um die heilige Kammer zu bewachen,

Denn wie eine Braut, sittsam und schön

Meine heilige Maria kam dorthin.

Sie selbst hat es so arrangiert.

Und half, die Rosen zusammenzubringen,

Wie sie, ach, die, die wachsen

Über den Mauern, auf denen sie ruht.

Diese pflege ich, die anderen versiegeln

Für subtilere Nekromantie

Wo Marias liebevolle Rosen stehlen

Rund um den Raum der Fantasie.

Sie wandern von jeder Ecke zu

Der Rand über der Zierleiste

Und weiter in Knospen und Ranken durch

Das verblasste Gold der Decke.

Keine Hand wird sie je niederreißen

Mit billiger künstlerischer Gewalt,

Denn Maria bekränzte die Rosen,

Noch immer erfüllt von ihrem Schweigen.

ZWEI RAHMEN

IN der Galerie der Erinnerung

Unten auf der Unforgotten Street

Hängt ein Bild von zwei Liebenden

Nachdem sie die Gelübde wiederholt haben;

Schön—hübsch—Bild—Liebhaber—

In goldenem Rahmen an der Wand,

Liebe in reicher und stattlicher Umgebung –

Finanz- und Herrenhaus.

Und daneben hängt ein anderer,

Wieder mit der Pose der Liebenden gezeichnet,

Genauso schön auf der Leinwand

Bis das Gold darin glüht;

Aber es ist in weißem Emaille gerahmt

Worauf sich Lilien verflechten –

Liebe in süßer und einfacher Umgebung—

Tugend und ein Bauernwein.

Die Liebe zur Frau steht vor ihnen

Mit reflektiertem Gold und Anmut

Aber mit kämpfenden Entscheidung

Auf ihrem Tau-und-Blumen-Gesicht;

Der Blick wird auf den gelben Rahmen gelenkt,

Herz zum Leinwandset in Weiß:

Reicher Mann, armer Mann? Liebe in der Frau

Erwählte und die Lilien verwandelten sich in Licht.

PARS SUMMAE

Ich DACHTE nicht, dass die Liebe mir gehörte

Weil ich schuftete;

Aber wenn ich es verstehe, ist es jede Zeile

Und nicht geplündert

Perfektere Liebe, um meine eigene zu zieren,

Dann könnte ich fühlen

Dass ich auf dem höchsten Thron der Liebe bin

Konnte zu Recht knien.

Ich habe mein Gesicht verschleiert, als der Ruhm verging

Sein zitterndes Licht;

Ich würde auch nicht meinen gedemütigten Kopf heben

Bis ich weiß bin

Könnte die Reinheit einer Seele zeigen

Das verrät es

Liebe, die vor dem heiligen Ganzen steht

Kann zu Recht knien.

Mein Altar war ihr Segensort

Woher sie schenkte

Die göttlichen Gaben ihrer Gnade

Beim Gottesdienst verneigte man sich;

Denn als meine Anbetung wuchs

Das Ideal der Liebe

Sie hat mich als einen von ihnen hochgehoben
Die zu Recht knien.

EINE VISION

GROß und blond und mit azurblauen Augen,
Verdeckte Blicke unter der herabhängenden Peitsche
Wie Amors Pfeile in einem kunstvollen Köcher –
Sie ist dies und noch viel mehr,
Es wäre voreilig, es im Detail zu sagen
Von jedem außer dem Bettler zum Geber.

Wenn ich sammelte, wenn sie gab,
Ich könnte es besser in die Kunst umsetzen,
Durch unzählige kleine bezaubernde Dinge begeistert –
Seidige Locken in einer Welle,
Wange mit gestohlenem Pigment aus dem Herzen,
Und der Mund ist der einladendste, den es je gab.

Noch immer fehlt mir die absolute Wahrheit
Nur um ihr hübsches Gesicht hervorzuheben
Umkränzt mit rebellisch verfilztem oder frisiertem Limbus;
Doch der höchste Reiz der Jugend
Ist die sanfte, unnachahmliche Anmut
Das verleiht einer Frau einen leuchtenden Heiligenschein.

Und dies hat meine Göttin verbessert
Durch jeden weiblichen Geschmacksinstinkt,
Und noch der tiefere Zauber des Spiritismus –
Die, wenn es die Seele wäre und geliebt
Eine verwandte Seele in dieser Welt der Liebesverschwendung,

Würde über jeden egoistischen Katechismus lachen

Von weltlicher Weisheit und ihrem Glauben

Und zittere vor dem Schicksal, das die Liebe offenbarte,

Errötet bei seinem Anblick des Paradieses, wahnsinnig

Dass das Leben nicht nur aus List und Gier besteht

Aber unter seinen Untiefen halb verborgen

Laien Sie Leidenschaft, großartig, verklärend, gebieterisch!

DIE FOLGEN

LIEBHABER, DIE dumme Gelübde ablegen,

Denken, Liebe ist unsterblich

Wenn es am heftigsten ist, zu heiraten

Was es so atemlos singt;

Mal streicheln, mal gestehen

In romantischen Strophen—

Das ist Leidenschaft und ihre Mode

Der Extravaganz.

Aber die Liebe, die einen Thron wert ist

Ist die Art, die später

Mehr als nur Gefühle

Beweist und Himmel größer

Als ein Rausch der Phantasie

Oder ein Glaubensbekenntnis der Natur,

Oder das Lob in schönen Worten

Von einem bezaubernden Geschöpf.

Oh, die glücklichen Folgen

Wenn die Paarung vorbei ist

Und Prüfungen auf Leben und Tod

Lehre den einstigen Liebhaber

Dass die Frau, obwohl für den Menschen

Mit Zaubern umgab er sie,

Ist die Essenz einer Präsenz

Süßer und göttlicher!

BEWEISWORTE

DA war ein Gesicht – ich liebte es;

Da war ein Puls – ich habe ihn gefühlt;

Da war eine Seele – ich spürte sie

Und habe es für immer zu meinem gemacht.

Da war ein Herz – ich habe es bewiesen;

Da war ein Wort – ich buchstabierte es;

Doch kaum hatte es begonnen

Wenn aus Träumen gerufen.

Es gab eine Hoffnung – ich hoffte darauf;

Es gab ein Gebet – ich habe es beschleunigt;

Da war ein Siegel – ich gab es,

Dann habe ich meiner Liebe Lebewohl gesagt.

Es gab einen Seufzer – ich atmete ihn aus;

Es gab eine Träne – ich habe sie vergossen;

Es gab ein Geschenk – ich hebe es auf

Zu wissen, dass meine Liebe echt ist.

ERINNERUNGEN

ADIEUS

WENN wir vom Schiff oder Ufer

Sag Lebewohl – Oh, leb wohl!

Auch wenn die Reise vorbei sein mag

Ozean-weite und niemand kann sagen

Ob wir immerdar

Wir sehen uns wieder, aber leb wohl

Bedeutet eine Hoffnung, deren Akzente buchstabieren

Bis wir uns wieder grüßen – Leb wohl!

Wenn wir über Meer oder Land sind

Gott sei Dank – Oh, beschleunige dich, Gott!

Ihm vertrauen wir mit gütiger Hand,

Ob schmal oder breit,

Irgendwann vom fernen Strand

Wieder zurück, um uns beschlagen zu lassen

Freude über den Weg, den wir gegangen sind.

Hoffnung ist Gott, Geschwindigkeit – Geschwindigkeit, Gott!

Wenn unser Abschiedswort vor uns liegt

Ist auf Wiedersehen – Gottes Weg sei Dein!

Ob es uns selbst geht

Oder ein anderes, wir treten zurück,

Dennoch seiner Fürsorge verpflichtet

Und eine ebenso gütige Zukunft,

Wir warten auf den göttlichen Beweis

Der Abschied der Hoffnung gebührt Gott!

———————

STAUB ZU STAUB

VON ERDE zu Erde, wir seufzen traurig –

Geliebter, Geliebter, warum bist du gestorben?

Himmel, warum vorzeitiger Tod

Wann sind Leben und Atem so süß?

Erde und Himmel sagen uns warum

Müssen unsere Liebsten sterben?

Staub zu Staub, die Elemente

Heilerde schlucken und einschlafen lassen.

Willst du aufwachen, Geliebter, doch

Damit die Augen nicht mehr feucht werden,

Zu den Armen, die nicht mehr schmerzen,

Willst du, oh Geliebter, aufwachen?

Asche zu Asche vermischen,

Sie bedecken ihr Fleisch und wringen Tränen aus.

Geliebte, Geliebte, die Blumen bringe ich

Verwelken, aber die, die springen

Über deine Form mit vielversprechendem Lächeln

„Liebster, noch eine kleine Weile!"

———————

KLEINE WÖRTER

SPRICH nur die kleinen Worte der Wahrheit

Und sie werden leben, wenn du aufgehört hast zu sein;

Die Lippen täglich auf Probe testen

Atme nichts Süßeres als Aufrichtigkeit,

Hilf deinem Bruder, treu zu sein wie du.

Sprich nur die kleinen Worte der Liebe
Und sie werden verweilen, solange die Zunge still ist;
Denn ob es Throne gäbe, sie werden sie entfernen,
Aber die Liebe hält all unsere Gedanken bereit, um sie zu erfüllen
Und gestaltet die Erinnerung, wie sie will.

Sprich nur die kleinen Worte der Hoffnung
Und sie werden den Weg erfreuen, wenn die Nacht kommt
Für dich oder andere, die im Dunkeln tappen würden
Aber für den Mut deines bescheidenen Lichtes
Gespeist durch das Öl der Verheißung – „Alles wird gut.“

Sprich nur die kleinen Worte des Vertrauens
Und sie werden dem Kampf sein Kreuz rauben,
Das Herz der Bitterkeit des Kummers, der Staub
Des Sieges über unsere Toten – denn aus dem Verlust
Durch Vertrauen wird aus dem Abschaum ewiger Gewinn.

Ein Leben am Wegesrand

Ein KLEINER Bach entsprang seiner fernen Quelle,
Und durch das bevölkerte Tal mit einem Lied
Es hielt seinen lächelnden, ereignislosen Kurs,
Dankbar für den kühlenden Luftzug das ganze Jahr über,
Bis diejenigen, die täglich davon tranken, stark wurden.

Ein kleiner Stern leuchtete sanft in der Nacht,
Und in den vielgepriesenen himmlischen Heerscharen
Es warf ein wahres und nie verlöschendes Licht;

Deshalb wurde es aus Gründen der Beständigkeit am meisten geliebt

Denn aus Mangel daran ging kein Weg verloren.

Eine kleine Münze wurde von Hand zu Hand weitergereicht,

Und erfüllte Tag für Tag demütig seine Mission

In den Lebensbedürfnissen könnte sein Wert herrschen;

Reines Gold, obwohl die Währung gering war,

Und viele Schulden aus Not genügten, um sie zu begleichen.

Ein bescheidenes Leben wurde dort geführt, wo andere sich fühlten

Seine Wahrheit und sein Wert liegen in der Hand, auf den Lippen und im Auge;

Und als es ausgegeben war, knieten seine Schuldner stumm nieder

Um dem Geber für seinen Dienst zu danken –

Der Strom, der Stern, die Münze, an der sie vorbeizogen,

Das verschwundene Leben, dessen Segen der Gnade

War wie die Tasse Wasser oder der Strahl

Von freundlichem Licht oder wie das Gold dessen Basis

Von der Menschlichkeit, auch wenn es den Glanz trüben könnte,

Doch geht es zugrunde und hinterlässt seinen Wert am höchsten.

O Träne!

O TRÄNE des Kummers, dem gequälten Geist entrissen

Durch die natürliche Anforderung unseres Heiligtums

Und am liebsten! – wenn mitfühlende Zunge

Kann ein Wort der Hoffnung oder des Trostes sagen

Vom Himmel genehmigt, –

Lass dich wie eine juwelenbesetzte Kugel darauf fallen

Wessen zitternde Iris macht es noch schöner!

Durch solch ein vom Himmel inspiriertes Wort, oh Träne

Aus menschlichem Leid bist du geschaffen

Göttlich begeistert, mehr Liebe zu trösten

Als hilflose Liebe oder hoffnungsloses Mitgefühl!—

Denn du bist erfüllt

Mit Visionen von der höheren Sphäre der Seele,

Wie Deine, doch unendlich in der Liebe, oh Träne!

Du bist jetzt zu verschwommen und blendend, um zuzulassen

Dein Auge erblickt die Schönheit des Lichts

Das durch deinen Kummer schimmert, – doch du wirst noch,

Wenn Gott will, mit dem vom Glauben gesalbten Blick

Und neu lieben

Löse dich in Freude auf und für das Grab

Freue mich über das, was zum Sieg führt, oh Träne!

DER TAU DES STAUBES

O ihr TOTEN der Erde, freut euch!

Die Blumen aus dem Staub

Durch Frühlingstau entstehen

Und ein Lächeln, das das Vertrauen wiederbelebt,

Wenn sie aus ihrem winterlichen Grab erwachen

Und in die Sommer-Beauty-Pause.

Und so wird das Schlafen sein

In unserem fleischlichen Grab;

Die Osterflut wird frei

Das Leben, das taub liegt,

Und aus dem Staub wird es wieder auferstehen

Die unsterbliche Blüte des Frühlings und des Taus.

Sagen Sie nicht, dass Asche sich umdreht
Unser Wesen mit seiner Hülle,
Denn eine Göttlichkeit brennt
Durch den Tod unauslöschlich
Um den armen Kühlschimmel zu wärmen, aus dem wir stammen
Und unsere unsterbliche Natur beweisen.

Wenn nicht noch eine weitere Gnade
Soll den Wunsch unserer Seele kleiden,
Lass das Grab nicht verschwinden
Was strebt in uns!
So werden wir edler sein als Lehm
Und geben Sie dem Motto „Leben für immer" eine Wahrheit.

EIN LÄCHELN

WIE aus der Fensterscheibe ein Licht schimmert
Um den Reisenden am Abend zu erheitern,
So war ihr Lächeln der immer freundliche Strahl
Das erleuchtete den Weg oder forderte den Gast zum Bleiben auf.

Sie kannte kein Leid und keine Sorge, außer was gelindert wurde
Durch Lächeln darauf vertrauen, dass alles gut war;
Als alle um sie herum glücklich waren, war sie zufrieden,
Als sie sie glücklich machen konnte, war sie gesegnet.

Wir wussten, wer sie am meisten liebte, die Süße von
Ihr stets sanfter Blick und ihre christliche Anmut;
Sie erfüllte das Haus mit kostbarer Mutterliebe,

Und niemand sonst kann ihren heiligen Platz einnehmen.

Ihr Lächeln leuchtete in Sonne und Sturm,

Im Dienst für andere oder wenn sie

Sah aus, wie sie aus der Not kam, und der Charme

Eine solche Gelassenheit vertrieb alle Zweifel.

Sie lächelte im Leben und dann das Wunder

Der Seele ungetrübt bis zum Ende triumphierte;

Sie lächelt im Tod, um uns zu trösten – „Es ist gut!“

Um uns wissen zu lassen, dass sie einen Freund gefunden hat.

PHILOSOPHIE

DIE GIPFEL

Es gibt bewölkte, düstere Himmel,

Aber was ist damit?

Es gibt unzufriedene Augen,

Aber was ist damit?

Wenn der Tag am trübsten ist,

Auf den Hügeln im Westen

Es gibt Sonnenschein. Bruder, am besten

Denken Sie darüber nach.

Es gibt genug mürrische Blicke,

Aber was ist damit?

Aufgaben abweisend, hart und rau,

Aber was ist damit?

Obwohl das Tal das Wetter verdirbt,

Auf den Hügelkuppen gibt es Meilen

Von dem unbesiegten Lächeln des alten Sol;

Was ist damit?

Lange im Tal leben,

Vielleicht das

Das Lachen und das Lied gedämpft;

Aber dafür,

Herzen könnten auf höhere Hügel schauen,

Von der Sonne geküsst und voller Rillen,

Lächeln über Sorgen und Übel.

Denken Sie daran!

DER MANN, DER DIE HOD TRÄGT

GEHEN SIE , formen Sie den Ton und brennen Sie ihn zu Ziegeln

Mit all dem Können der Jahrhunderte;

Es brauchte die Schaufel und die Spitzhacke

Bevor es die Weisen brauchte.

Aber das bleibt der Vergangenheit der Ehre überlassen

Für Dinge, die Männer applaudieren,

Wer ist es, der den Haufen so groß macht,

Ein Gebäude zum Aufstehen und Bestehen?

Der Mann, der den Kopf trägt.

Der Töpfer und der Architekt

Möge der Tempel gestaltet und geplant werden,

Die Baumeister dürfen errichten,

Veredeln oder versammeln;

Aber überlassen Sie das dem zukünftigen Ruhm

Für Dinge, die wir selten loben,

Wer trägt den Rahmen hoch?

Auf Schultern, die anstelle des Namens gerufen werden

Der Mann, der den Kopf trägt?

Der Träumer und der Staatsmann mögen

Lass dich von Genialität inspirieren,

Und in den Ofen legen Sie den Ton

Das verschafft uns Ansehen;

Doch wer muss die Ziegel aufschichten, die er formt

Auf Rücken und Basen breit,

Arbeite auf den Gerüsten und halte

Die Türme werden hoch und kühn?
Der Mann, der den Hod trägt.

JOGGEN SIE MIT!

JOGGEN SIE weiter! Joggen Sie weiter!
Der Tag ist jung, das Ziel liegt vor uns,
Die Glieder sind stark und die Hoffnung wird genährt
Auf Versprechen, wohin man auch schaut,
Von nickenden Knospen und lachenden Bächen.
Kopf hoch! Kopf hoch! Während es ein Lied gibt
Von Vogel oder Lächeln der sonnigen Ecke,
Es gibt Liebe und Brot. Also jogge mit!

Joggen Sie mit! Joggen Sie mit!
Es ist erst Mittag und es gibt ein Gasthaus
Wo Sie bald eine Stunde gewinnen können
Von bescheidener Gemeinschaft und Kost –
Ein zu seltener Luxus des Lebens.
Sei gegrüßt, Freund, gut getroffen, der in der Menge ist
Ist trotz aller Fürsorge brüderlich!
Es gibt menschliche Verwandte – also joggen Sie mit!

Joggen Sie mit! Joggen Sie mit!
Die Sonne geht unter, aber die Dämmerung ist noch da
Um die Stadt auf dem Hügel zu erreichen;
Und da steht die Sonne eine Stunde hoch
Um dir Gnade an Füßen und Augen zu schenken.
Mach weiter! Mach weiter! mit unerschrockenem Willen;
Du hast immer noch das Versprechen des Himmels

Die Sterne bis! Also joggen Sie mit!

<hr>

DER STAMMBAUM

IHRE Genealogie kann
Das Schönste auf Erden
Oder nur ein dekadenter Baum
Von früherer Herkunft und Wert.

Die Kinder der Puritaner
Sollte die Seelen der Pilger haben
Oder ein fremder Draht spannt
Ihre isolierten Stangen.

Eine Aristokratie der Rasse
Ist das, was den Stempel behält
Vom Geist der Heldentat
In der Patriotenhalle oder im Patriotenlager.

Die Adern, deren Lebensblut nach Hause fließt
Oder Recht oder Freiheit
Sollten die gleichen sein, aus denen sie kommen,
Um die Freiheit der Nation zu bewahren.

In unserer Ahnenreihe zu finden
Ein Vater von edlem Blut
Legt uns die Wahrheit vor, um das Zeichen zu setzen
Von unserem Wappen gut.

Koloniale Vorfahren verurteilen
Wie Geister aus hohlen Baumstämmen
Es sei denn, wir inkarnieren sie wieder

Ohne ihre Leichentücher und Stolen.

Vor einem Jahrhundert wohlgeboren zu sein,
Ein Jahrhundert voller Früchte,
Ein Jahrhundert lang der Boden zum Packen
Über die alte Wurzel,

Ist solch ein Erbe gut für uns?
Kann es bis zu seiner Quelle zurückverfolgen
Für alles, woraus seine Sprösslinge wachsen,
Sein lebenswichtiger Wundsekretverlauf.

REPLEVIN

WER kann alle seine eigenen aufladen?
Von seinen platonischen Schuldnern –
Von Plagiatoren vermutlich unbekannt
Wer stiehlt seine Gedanken oder Briefe?

Sein Besitz ist klein oder groß
Da es sich lohnt, es zu verwenden,
Und so eine Hommage an seine Rate
Macht den Verlust von Eigentum wert.

Etwas Gutes sagen oder tun,
Was die Welt klüger macht,
Sollte ein königlicher Göttlicher sein
Für jeden außer einem Geizhals.

Ihr Pfund Fleisch ließ Shylocks klagen
Und rechnen Sie mit Zahlen sieben –

Unser edelstes Eigentum ist das, was gebührt

In Waren jenseits von Replevin.

Predigten

WAS IST WAHRHEIT?

WAHRHEIT ist die Vision des Himmels

Das verlangt von uns nicht, weise zu sein

Sondern nur, um den wahrnehmenden Blick zu heben

Wo immer lebendiges Licht ist

Um den Weg des Rechts klarer zu machen

Oder die Menschheit noch weißer beschmutzt.

Wahrheit ist der Sinn aller Dinge

Nicht zum Verstand, sondern zu den Quellen

Von Liebe und Frieden und Gestaltung;

Denn was wir lieben, ist das Anliegen des Lebens

Und Hoffnung ist mehr als Weise lernen

Und wir wenden uns vor allem der Wahrheit zu.

Wahrheit ist der Geist aller Wahrheiten

Die aus derselben Erhabenheit heraus sich bewegt

Und der universelle Zweck beweist;

Die Wahrheit ist das Licht und nicht die Sphären

Dessen Gesetze nur Sehern bekannt sind;

Doch der Seemann orientiert sich an den Sternen.

Die Wahrheit ist das Bild ihres Gottes

Der all seine endlosen Weiten beschritt

Und warf seine Attribute ins Ausland;

Für eine Weile zu selten für dichtere Köpfe

Sein Spiegel macht es spürbar

Und gibt seiner Seele einen Beweis.

FREUNDSCHAFT

O FREUNDSCHAFT ! Auf der Krone des Lebens die Perle

Inmitten seiner seltenen Juwelen,

Ein Stern für den Bauern oder den Grafen

Die anderen Juwelen was auch immer –

Sei Diamant auf der königlichen Stirn

Oder Granat stumpf von der Arbeit,

Der herzliche Glanz bist du,

Von edler Macht oder Moil.

Aber ach, nur dich zu schätzen

Als Schatz der Sehnsucht

Für unvergleichliche Reinheit

Wir gewinnen, aber bewundern;

Und deinen inneren Wert nicht zu spüren

Wie Stoff aus Urtiefen,

Ein Wunder einer schwierigen Geburt

Wo die niedere Natur kriecht!

Ist dies, o Freundschaft, würdig

Das Lob der Muse,

Von einem Leben, das so leicht zur Liebe neigt

Aber Feuer ablehnen?

Wenn wir nur in der Hand halten

Das Opfer eines anderen

Und gib ihm kein Goldgeschenk zurück,

Es ist nicht die kostbare Perle.

GEDANKE

DENKEN SIE edel!

Denn die Dinge, über die wir nachdenken, sind die Summe

Von dem, was wir schätzen und werden

Die Art unseres Denkens – ebenso wie

Wir kennen die Gliederung der Kette.

Denken Sie deshalb edel!

Denk rein!

Für unsere Meditation ist das Glas

Durch das unser Geist in Vision geht,

Das Angesicht Gottes, der es sieht – und die Gnade

Von seiner göttlichen Entfaltung.

Denken Sie deshalb rein!

Denken Sie wahrhaftig!

Denn ein wahres Ideal ist das Licht

Womit wir uns in die luftige Höhe kämpfen

Von der höchsten Göttlichkeit der Wahrheit – und dem Recht

Wozu es uns neigt.

Denken Sie deshalb wahrhaftig!

WENN ICH NICHT MEHR BIN

WIRD der Orient dort im Morgenrot erstrahlen?

Auf den Blumen wird der kristallene Tau leuchten

Und der Himmel behält sein sanftes Himmelblau

Wenn ich nicht mehr bin?

Wird noch der Jaspis-Ozean den Strand umspülen?

Und um die Wildblume werben, die sich gerade außerhalb ihrer Reichweite
befindet?

Werden die Baumvögel noch einander zuflüstern

Wenn es mich nicht mehr gibt?

Wird der lachende Bach seinen Weg fortsetzen?

Wird der Mond noch traurig über meinen Lehm lächeln

Und diese hellen funkelnden Sterne tanzen am Tag

Wenn es mich nicht mehr gibt?

Wird noch eine lächelnde Welt die Morgendämmerung begrüßen

Und noch immer fließt sein Lauf der Liebe und Freude weiter –

Mein Bild, einst ein Herz, verschwand bald

Wenn es mich nicht mehr gibt?

Was bedeutet dieses frostige Unbehagen – Schicksal oder Angst?

Tod, zerreiß den Schleier und beruhige diese dunkle Verzweiflung!

Sag mir, wird mir diese Erinnerung lieb sein?

Wenn es mich nicht mehr gibt?

Ach Tod, deine einzige Güte ist die Wonne

Der Antwort im zärtlichsten Abschiedskuss der Liebe

Das wird mir zumindest in meiner Bescheidenheit fehlen

Wenn ich nicht mehr bin!

Der markierte Weg

DAS LEBEN ist eine menschliche Wildnis

Wo Pflicht, Recht und Wahrheit

Sind im Morast verstrickt

Von Torheit, Zweifel und Jugend.

Ich weiß, ich kann nicht hoffen, zu spalten

Ein Weg durch Brandung und Senke,

Aber ich hinterlasse einen Orientierungsindex

Wenn ich nur den Weg ebne.

Der Wald, durch den ich mich kämpfe

Nach Kompass, Sonne und Sternen

Ich werde es so markieren, dass auch ein anderer

Kann durch meine Narben reisen.

Aus Wäldern, in denen Arbeitskräfte verloren gehen würden

Und Füße würden irren oder versagen

Ich werde einzelne Kiefern auf Bergrücken überqueren

Und bahne ihnen den Weg.

Über Bergkette und Fluss Richtung Westen

Ich werde bleiben und beten, um zu lernen

Nicht das Einfachste, aber das Beste,

Und die Rückkehr eines Lebens wert;

Denn obwohl ich nicht wieder vorbeikomme

So wie ich mich durchsetze,

Es ist meine Aufgabe für andere Männer

Den Heimweg ebnen.

Kummer und Freude

TRAUER sagte, es gäbe keine Freude

Zur Zeit des Kindes,

Aber nur Erinnerungen an Traurigkeit

In Häusern, in denen einst Babes lächelten.

Joy sagte, es gäbe keinen Kummer,
Aber fand Trost in der Berührung
Der Freude, dass vielleicht morgen
Würde unsere Aufmunterung genauso brauchen.

Trauer sagte, dass Lieder erwachen
Echos unserer begrabenen Liebe,
Wie wenn stille Akkorde geschüttelt werden
Und immer noch reaktionsschnell beweisen.

Joy sagte, es wäre noch seltsamer
Wenn unsere Babys Bethlehem sähen
Nicht mehr teuer, weil die Krippe
Getragen hat er den, der sie gesammelt hat.

Trauer sagte, dass Geschenke, aber verspottete uns
Mit den entrissenen Schätzen
Und mit Ketten für immer gefangen
In Gräbern der Erinnerung.

Joy sagte, dass Geschenke symbolisch seien
Von unserer Liebe und ihrer Domäne,
Ernsthaftigkeit unserer unausgesprochenen Hoffnungen
Die Liebe würde wiederkommen.

HOFFNUNG

Ich HABE eine Hoffnung – sie ist vom Geist geboren

Und beflügelt neben mir;

Es ist wie das heilige Licht des Morgens

Wenn der Himmel sich weit öffnet.

Hoffe wie der Vogel, dessen jede Note

Die Hand eines liebenden Vaters

Hat in seiner schwellenden Kehle gestimmt

Als ob das Lied geplant gewesen wäre!

Was ist es anderes als das freudige Gefühl

Von Liebe und Harmonie?

Was ist es anderes als der Beweis

Von der Göttlichkeit des Lebens?

Diese Hoffnung, die uns am göttlichsten macht

Und wie das, woran es hängt –

Diese Hoffnung, die unsere Herzen neigen lässt

Zu höheren, heiligeren Dingen –

Diese Hoffnung, die ewige Jugend bedeutet

Und Güte unendlich –

Darin steckt Vernunft, die so stark ist wie die Wahrheit

Und logisch wie leicht.

SÄEN UND ERNTEN

SAU weiter durch ein anderes Zeitalter

Möge die Ernte übernehmen!

Sau weiter, für den Endlohn

Liegt in der Obhut

Von unserem göttlichsten Meister, der erklärte:
„Sät weiter, denn wer gespart hat, wird nicht ernten!"

Ernten Sie was für ein anderes Zeitalter
Begann mit der Aussaat!
Ernte weiter, für den höchsten Lohn
Liegt im Wissen
Die Früchte werden geerntet und das Erntelied
Zum Säen und zum Schnitter gehört es!

HOFFNUNG AUF!

HOFFE weiter! Denn es gibt keinen aufgehenden Stern
Wenn Schatten über unseren Himmel kriechen
Wertvoller als dieser Strahl in der Ferne
Das zittert durch die Ewigkeit.

Hoffe weiter! Diese unendliche Sehnsucht
Ist nur ein Vorgeschmack der Morgendämmerung
Von einem unsterblichen, heiligen und höheren
Tag der Vollkommenheit; hoffe also weiter!

Hoffe weiter, sonst verdirbt das Herz
Durch sein eigenes Gefühl stummer Verzweiflung!
Aber lass die Seele verankert sein
Zum verhüllten Himmel dort drüben

Wo das Licht durch den Nebel zittert
Und Hoffnung wird klarer Glaube,
Ja, frohe Erwartung – denn siehe, der Christus
Lässt das Leben seine Flügel entfalten und den Tod

Und vergesst die Zweifel! Hoffen wir also weiter!

HERZLICH GUT

GESEGNET sei die Güte, die Geistesfrucht ist
Der Ehrfurcht, wie die Anbetung der Ehrfurcht ist,
Bis das Gute reift und Wurzeln schlägt!
Denn ebenso wahrhaftig zieht es
Seine Substanz muss aus Göttlichkeit hervorgehen
Durch die gleiche Kraft des Naturgesetzes.

Wir können das Gute verteilen, das wir nie angebaut haben
Wie diejenigen, die borgen; oder wir können behaupten,
Die Güte, die wir kennen, aber nie tun,
Und so lege eine Form der Fruchtbarkeit an;
Doch ach, es ist unfruchtbar und untreu
Zur Würdigkeit, wie auch immer ihre äußere Erscheinung sein mag!

Das Gute zu lieben und zu praktizieren,
Um zu sein, wofür wir gehalten werden möchten,
Um aus der Wurzel zu reifen, deren Ranken sich winden
Um das Herz selbst, dessen Ströme fließen
In das Gute, das wir tun – das ist göttlich
Und lebendige Früchte, die immer mehr Segen bringen.

LAND

AMERIKA

GETRENNT durch die Weite des Ozeans

Von anderen lieben und glänzenden Strängen,

Das Wunder der geschichtsträchtigen Vergangenheit

Bekennt dies als das Land der Länder;

Die Zuflucht der Schönen und Tapferen

Als ihr die Freiheit verweigert wurde, die ihr zustand;

Sing mit der wilden, wilden Meereswelle,

„Das wahre Amerika!"

Teuer war die Gabe, die der Pilger suchte

Inmitten des wilden Redman-Waldes,

Und auch die Lektion lehrte mich sehr

Von diesem süßen, einheimischen Kind der Freiheit;

Was doch einmal gelernt wurde, vergiss es nicht mehr,

O Erbe dieser geliebten Freiheit!

Atme mit dem Geist deiner Küste,

„Amerika das Freie!"

Ihre Sterne und Streifen, die stolz schweben

So viele Stadtstaaten oben,

Sollen wir vergessen, dass sie bezeichnen

Die Einheit einer gemeinsamen Liebe?

Süßes Zeichen für den Patrioten

Über alle deine Gebiete weit,

Schweben Sie zu diesem einen inspirierenden Gedanken,

„Amerika ist unser Stolz!"

Und noch voller werden deine Adern anschwellen

Und dein pochendes Blut wird roter,

Sei tugendhaft in deinen weiten Bereichen,

Der Gott der Nationen sei dein Gott!

Das Echo deiner Waldtage

Mische dich immer noch unter dein lautstarkes Meer

Oder verweilen Sie im Lob des Dichters,

„Amerika das Freie!"

<hr>

DER ALTAR DES LANDES

O LAND meines Altars,

Wo die Weihrauchflamme brennt

Und eine priesterliche Hand öffnet den Tempelschleier –

Lass mich niemals in meiner Absicht ins Wanken geraten,

Lass mich niemals von dir weichen

Auch die Vision des Heiligen vergeht nie –

O mein Land, bis ich es lerne

Wie man sich vornimmt, nicht zu wanken,

Lass die Vision des Heiligen niemals verblassen!

O Altar meines Landes,

Mit blutigem Opfer versiegelt,

Doch auch glorreich mit lebendigem Triumph,

Darf ich dir edelerweise anbieten

Der Pflicht ergebenster Preis,

Zweifele nie daran, dass es Deine heilige Pflicht ist!

Von deinem Altar lass mich aufsteigen

Alles zu bieten, oh mein Land,

Das ist mir das Höchste und Wahre!

(*Aus* „ GROßHERZ ".)

DIE STERNE DES SCHICKSALS

DIE Mitternachtssterne kreisen auf ihrer Bahn

Durch weglose Weiten des Raumes,

Und jede ferne Sonne ist eine Quelle

Von den stattfindenden Bewegungen

Jenseits der Reichweite des Auges oder des Denkens,

Doch ein Teil des himmlischen Plans

In unendlicher Reihenfolge geschaffen

Durch göttliche Majestät.

Wir können den perfekten Plan nicht kennen

In einem solchen Universum,

Auch nicht, was das Horoskop für den Menschen ist,

Sei es im Guten oder im Schlechten;

Genug, das gleiche Gesetz regiert die Sterne

Und menschliche Schicksale,

Und der Mensch macht oder zerstört die Zukunft

Wie er diese beobachtet;

Als er die Lektion der Vergangenheit

Gilt für neue Ausgaben,

Und macht Erfahrungsprognosen

Das Schicksal, das wahr wird

Weil es die WAHRHEIT IST und bewegt

Obwohl oft in Kursen seltsam,

Und wie die ewige Zeit beweist,

Die Sterne, die sich nie ändern.

LETZTER DER GROßEN ARMEE

DA kommen sie mit schwachem Schritt,

Da kommen sie mit geringerem Rang,

Und doch erbärmlich mit der martialischen Ausstrahlung

Und uralte Feld- und Lagerdisziplin!

Da kommen sie mit klingender Pfeife,

Da kommen sie mit klirrender Rüstung;

Die Parade der verdunkelnden Uniformen jedes Jahr

Und die Prahlerei des Fähnrichs – Tramp! Tramp! Tramp!

So gehen sie in gebrochenen Korps vorbei,

So ziehen sie in berittener Truppe vorbei,

Auf der anderen Seite des Platzes im stolzen Rückblick der Tapferkeit,

Unter dem grünen Triumphbogen des Siegers;

Köpfe mit so manchem Winterreif,

Aufrechte Schultern jetzt gebeugt;

Ihre einst kaiserliche Zahl ist so gering geworden,

Aber tapfer vorwärts – März! Marsch! Marsch!

Der freie Platz vieler Soldaten,

Der leere Posten vieler Offiziere,

Und so mancher Veteran auch mit rührendem Eifer

Um die Verluste auszubessern, die dahinhumpeln;

Viele vernarbte und figurbetonte Gesichter,

Viele glücklose Mitglieder haben verloren

Mit stiller Beredsamkeit wird die Geschichte enthüllt

Von verzweifelten Schlachten – Auf! An! An!

Bei den hohen Denkmälern der Dankbarkeit,

Von privaten Friedhofsgräbern

Wo Blumenkränze aus liebevollen Händen stumm liegen

Auf jedem ehrenvollen Grab für den Anblick der Erinnerung;

In Ehrfurcht die Köpfe verneigen,

Langsam mit gedämpften Trommeln gehen,

Mit tränentrüben Augen und traurigem Gruß

Und abgesenkte Standarte – Rechts! Links! Rechts!

Jeder Schritt der Vergangenheit,

Mit jedem Jahresablauf

Die stillen Herzen und stillen Jahre sind vorbei,

Halbes Echo, vermische dich in diesem geisterhaften Schritt

Und scheinen die Musterung riesig zu machen

Und scheine mit hohlen Schritten zu sagen:

Von all der mächtigen Avantgarde, die vor uns lag

An diese kleine Nachhut: Tot! Tot! Tot!

Noch ein paar Jahre Biwak hier,

Noch ein paar Jahre der Bestattung

In Graben oder Kerker, Grab oder tiefem Stöhnen,

Noch ein paar Jahre der sanften, schlummernden Nacht des Todes

Bis all das gespenstische Heer erscheint

Vor dem thronenden Mittelpunkt

Deren Weckruf sie aus dem Schlaf reißt

Zur Himmelsrezension – Richtig! Links! Rechts!

Keine abgeschossenen Kanonen, tödliche Waffen,

Keine Trophäe eines gefallenen Feindes,

Bis Gott den würdigsten Eroberer bestimmt;

Er, der den Tod und den Zweifel besiegt hat

Und sah sich tausend Alarmen gegenüber

Bis das Leben fest auf seiner Stirn sitzt

Oder hallt durch das glückliche Evermore,

Ihr Heer der Sieger – Jubelt! Schreien! Schreien!

VINCIT OMNIA JUS

MIT einem Fuß auf dem Felsen hat man schon gewonnen

Und wenn man auf dem Felsen des Glaubens steht, kann kein Recht rückgängig gemacht werden,

Das verkünde ich prophetisch zum jetzigen Zeitpunkt

Gipfel für Gipfel werden sich die gewaltigen Pyrenäen majestätisch erheben.

Die Freiheit, die wir kennen und leidenschaftlich lieben

Soll die Weinberge weit unten segnen, die oben den Schnee trinken;

Und im schützenden Stirnrunzeln der erhabenen Höhe der Freiheit

Ich werde denken, dass es Gott ist, der herabkommt, um für das Rechte zu donnern.

Wie von der Granitbasis, um die wir kämpfen müssen

Um jede heilige Sache fest zu verankern, erheben wir den Berg darüber,

Der Blitz des stürmischen Himmels wird über jedem Gipfel platzen,

Er versichert uns, dass Gott spricht, wenn der Mensch sich der Unterdrückung widersetzt.

Und wenn ein avantgardistischer Held von einem steilen Felsen stürzt

Während der Feigling sicher zurückbleibt, der lieber ein Knecht sein möchte,

Wir werden ein Kreuz auf die Klippe setzen, von der er gefallen ist

Und darüber eine Siegerkrone der Immortelle der Freiheit.

Aber noch besser: Wir klettern inspiriert von seinem Schicksal

Zu Höhen der erhabenen Freiheit, unerreicht durch den Hass des
Tyrannen;

Und die Rechte wird endlich vom Berggipfel bis zum Land blicken

In der frohen Menschheit noch größer, im Schicksal noch großartiger!

DER FLIEGENDE JACK

DER Himmel war blau und lächelte herab

Auf einem menschlichen Meer;

Old Glory flatterte, tanzte und leuchtete

In bunter Freude.

Eine fröhliche Brise wehte lachend durch

Die lachenden Falten aus Seide

Bis zu Rot, Weiß und Blau

Waren Sylphen mit Zähnen aus Milch.

Doch nicht für sie die hinreißenden Augen

Von schreienden Menschenmengen war hell,

Der kam, um ihn mit Lob und Preis zu begrüßen

Der Held flog mit Flügeln.

„Der Erste, der fliegt", lautete die Herausforderung.

„Soll den Kranz und den Pokal gewinnen."

Er breitete seine Schwingen aus und über seinen Kopf

Es ging in schwindelerregende Höhen.

"Bravo! Bravo!" sie riefen als

Er drehte sich immer weiter nach unten;

Dann strömten sie massenhaft auf ihn zu

Und bekränzte ihn mit der Krone.

Er lächelte und seine Augen waren blau

Und auf seinen Wangen rot

Etwas Edles kam zum Vorschein

Ebenso galant sagte er:

„Den Kelch werde ich behalten, den Kranz werde ich niederlegen

Wo es von Rechts wegen hingehört;

Der Erste, der meine Hand fliegt, wird Gnade erfahren

Und ihr lobt mit Zungen.“

Mit diesen Worten schritt er zu seinem Schiff

Und setze die Segel wieder,

Dann in einem steigenden Kreis fegte

Mit sonnengebräuntem Gesicht und flachem Gesicht.

Sie fragten sich, als sie ihn aufsteigen sahen

In Richtung des gestreamten Personals

Bis er dreimal die Mitte streifte

Und räumte es lachend auf;

Bis über seine vergoldete Kugel

Er beruhigte sich und von hoch

Die Trophäe wurde allen vor die Füße geworfen

Mit geübter Hand und Auge.

Auf dem Haupte der Old Glory der Kranz

Fiel wahr und fiel damit

Die Worte des Fliegers an die Untergebenen

Wer brauchte außer ihrem Zauber:

„Der erste, der über unser Land flog

Auf Flügeln, die niemals nachlassen

Ich kröne mit patriotischer Hand,

Die Sternenflagge unseres Landes!"

Und dann nahm er seine Mütze ab und siehe da,

Er trug einen Jackie-Anzug

Während er immer noch umkreiste, rief er: „Oho,

Ich bin in Frieden und Krieg geflogen!"

Ich rieb mir die Augen und alles floh

Außer den seidenen Falten

Von Ruhm, der über uns schwebt

Ein Matrosenjunge, der hält.

HUMOR

SAP'S A-BILIN'

DRAUßEN in dem Land, wo sie tippen

Die Ahornbäume im Frühling,

Auf der Karte ist etwas los

Wenn der März auf dem Vormarsch ist.

Die Fässer und Eimer überrannt,

Das Lächeln des fleißigen Bauern,

Das knisternde Feuer trägt zum Spaß bei;

Für Saft ist a-bilin'.

Draußen auf dem Land, wo sie alle sind

Habe hundert Jahre gelebt

Und hörte den Ruf zum Treffen

Wenn der Sonntag stürmt oder klar wird,

Wann steigt das Thermometer?

Denn die Leute sind in Schwierigkeiten;

Bis jemand in den Kessel stößt – dann

Der Saft ist in Bewegung.

Halten Sie es einfach ein wenig – lassen Sie es nicht anbrennen

Indem du zu intensiv bist!

Der Mann, der Galle hat, muss erst lernen

Ein gesunder Menschenverstand.

Es ist Zucker, den wir verkaufen, wohlgemerkt,

Nicht die menschliche Natur ist verrückt;

Kehren Sie also scherzhaft zur Süße zurück

Wenn der Saft da ist!

NUR SCHLAMM

WAS IST das für ein Live-Zeug, das du einen Jungen nennst?

Gerade im plastischen Stadium

Und strotzt vor Freude

Des ungeformten Alters der Jugend?

Was ist das, in Form zu bringen

Von frühen Blatt oder Knospe

Oder lebendige Früchte oder warme Farbe?

Warum sagen, nur Schlamm!

Was ist die goldene Ernte des Sommers

Das zu Korn reift,

Die Blüte des Obstgartens, des Waldes oder des Feldes

So ausgelassen vor Gewinnsucht?

Was ist das, kommt mit der Gnade

Vom Mann-und-Frau-Sein

Aus dem Dreck von gestern?

Warum sagen, nur Schlamm!

Was ist die Statue dort oben,

Durch edles Gebäude,

Was Passanten oft beobachten

Vergessen Sie, dass Unsterblichkeit besteht

Von lebendiger Tat und lebendiger Kunst

(Jetzt Lehm, einst Fleisch und Blut)

Wachsen beide aus bescheidenen Verhältnissen?

Warum sagen, nur Schlamm!

Es klopft rund

KOMISCH , wie manche Männer erwachsen werden

Klopf um –

Ich trinke aus dem Kelch des Glücks

Überdreht

Mit dem Efeu Japans

Oder ein Südamerikaner

Revolutionäre Verschwörung –

Komm zurück, egal was passiert,

Klopf um.

Nachdem ich die halbe Welt gesehen habe,

Klopf um

Unter jeder entfalteten Flagge

Sicher und gesund –

Wieder zu Hause vom Alpenklettern,

Rosine' philippinische Kopfhaut,

Angeln in einem schottischen See –

Sie finden ihn in der Scheune

Klopf um.

All das Lächeln in den Augen der Schönen

Klopf um

Unter dem italienischen Himmel

Oder berühmt

Erins Heimatland voller Charme

Verblassen wie in seinen Armen

Errötet – genau das gleiche alte Mädchen

Von dessen Locken er eine Locke hielt,

Klopf um.

DIE SCHNECKE UND DER STERN

eine BESCHEIDENE Schnecke aus seinem Schneckenhaus

Den Tau und die Übersättigung auf jungem Grün trinken;

Wie kam er zu seiner Weisheit, wenn er doch so klein war

Eine Schwächung davon übersteigt die Möglichkeiten der Weisheit.

Doch als er langsam voranschritt, blinkte ein Stern

Seine Fortbewegung war verspottet und seltsam –

„Wie weit, oh Zwergschnecke, wie weit

Glaubst Du, dass es von Dir an mich gerichtet ist?

„Und mit der Geschwindigkeit der Reise kriechst du

Wie lange würde es dauern, die Distanz zu überbrücken?

Doch ich überspringe seine Weite jede Nacht

Während Sie nur einen kümmerlichen Fortschritt erzielen.“

„Ich bin vielleicht langsam“, antwortete die Schnecke,

„Aber ich bin kein Heuchler, wie sehr Sie auch scherzen;

Du bewegst dich überhaupt nicht, außer deinem Auge

Und jetzt, da ich deinen flinken Witz wahrnehme.

„Zweifellos vergrößern wir beide unsere Mission;

Du gibst der Welt den Jubel des Astralfeuers

Während ich von einer niedrigeren Position aus

Ein Sprichwort, das zum Spott anregt:

„Ein Sprichwort, das, während ich der alte Hintern bin,

Aber macht auch die menschliche Schnecke zum Synonym,

Und oft bewegt ihn das Leben weiter

Im Dienst; Warum also so viel Lärm?"

Der Stern hatte keine Erwiderung, also wahrte er sein Gesicht
Ändert umgehend: „Mein Bruder, du hast recht;
Wir füllen beide unseren zugewiesenen Platz
Um der Welt eine Lektion zu erteilen. Also gute Nacht!"

DER ALTE SOR'L HOSS

DER alte Sor'l Hoss humpelt die Gasse hinauf
Und jammert um seinen Hafer;
Aber er wird nie wieder arbeiten
Außer der Milch, die er mit sich herumträgt
Zur Skimmin'-Station die Straße runter
Sozusagen etwas vorgaukeln
Er transportiert eine ehrliche Ladung
Und er verdient seinen Aufschub.

Klar, das wurde schon vor langer Zeit bezahlt
Wenn zwanzig treue Jahre
Kann den Meister eines Lebewesens in die Pflicht nehmen
Kehre für das zurück, was er klärt
Mit Pflug und Mäher, beladener Ständer,
Und eine stumpfe Biene,
Doch gibt das Lasttier zurück
Oft wenig Menschlichkeit.

Für den Fall, dass der alte Sor'l Hoss ausrastet
Mit der Arbeit und dem Alter steif werden,
Es gibt viele Männer mit Musketenbienen

Sein Tod und er behält seinen Lohn;

Aber nicht dieser Mistkerl mit der Sauerampfermähne

Und Mantel, den jeden Morgen

Kommt die struppige Gasse hinaufgehumpelt

Und jammert um seinen Mais.

NICODEMUS BOGGS

NIKODEMUS BOGGS wurde benannt

Von heiligen Schriften liebenden Tanten,

Obwohl nie für diese Tugend berühmt

War Demus – bis durch Zufall

Seine Gedanken wandten sich der kirchlichen Wahl zu,

Und dann eine feierliche Nacht

Er hörte eine jenseitige Stimme

Was ihn erschreckte

Anruf

——„Nikodemus! Nico-de-mus!

Nic-o-de-mus Boggs!"

Obwohl es einige Leute gab, die blasphemisch waren

Wer hat gesagt, dass es nur Frösche sind?

Wie dem auch sei,

Für Demus war es ein Zeichen;

Sogleich begann er zu beten

Und von göttlichen Dingen reden.

Natürlich war es ihm gegeben zu wissen

Ohne einen studierten Verstand;

Seine Zunge löste sich und der Fluss

Von Worten, die Witz hinterlassen haben.

Doch seltsamerweise wurde keine Kirche verlegt

Seine Gemeinde soll werden,

Obwohl Demus sagte, es beweise nur

Die Kirche war taub und stumm.

Denn der Ruf war klar und deutlich,

So oft im Halbschlaf

Er hörte wieder dieselbe Stimme

In feierlichen Tönen und tief

Drang

—— „Nikodemus! Nic-o-de-mus!

„Nic-o-de-mus-s Bog-gs!"

Obwohl es einige Leute gab, die blasphemisch waren

Wer hat gesagt, dass es nur Frösche sind?

Wie jeder auch urteilt, es ist sicher

Mit Demus wurde es bald

Zu Fieberanfällen, und die einzige Heilung

Für Fleisch, das gefroren oder verbrannt ist,

Der Arzt verordnete eine Drainage

Die Mulde im hinteren

Wo Demus lebte; denn vergeblich

Er verfolgte seine Karriere

Das menschliche Wohlergehen lag

Die am meisten vernachlässigten in der Nähe.

Es wurde behoben und nie wieder

Hat Nikodemus gehört

Die Stimme, die so berühmt geworden war

Für Hintertürquaker und Frösche

Anruf

—— „Nikodemus! Nic-o-de-mus!

„Nic-o-de-mus-s Bog-gs!"

HEILIG

WAS IST GLAUBE?

DER GLAUBE ist kein Schwächling, wie auch immer

Es braucht Mut für seine Aufgabe,

Aber Kraft, deren Vertrauen es wagt,

Ist es das, was es demütigt, zu fragen

Eine höhere Hilfe, ein höheres Wort

Um es zu heben, biete ihm Vertrauen und versuche es,

Gewiss, sein selbstloses Gebet wird erhört,

Seine Aufgabe unter den Augen eines Meisters.

Glaube ist die Vernunft des Herzens

Zum Herzen der Herzen, das schlägt

Im Einklang mit jedem Teil

Es belebt und vervollständigt alles;

Und mit einem Gefühl von Liebe und Plan

Sieht nur Gutes aus Wahrheit und Recht,

Falsch als das einzige Übel, das

Besiege das Design und lösche das Licht aus.

Der Glaube ist das stärkende Tor

Das uns einmauert, unsere Ängste aussperrt,

Durch die wir das Schicksal besiegen

Oder wir suchen Zuflucht vor unseren Zweifeln.

Der Glaube bläst die Trompete, bemannt den Turm,

Gibt Hoffnung, glaubt an den Himmel

Und vertraut der alles beherrschenden Macht

Sich um das zu kümmern, was sein Wille gegeben hat.

Der Glaube ist des Lastenträgers Stütze,

Der treue Stab des fußkranken Pilgers,

Des Siegers Kriegsrüstung,

Die edelste Grabinschrift des Märtyrers.

Der Glaube ist das innere Auge der Vision

Wessen Schüler ist die sehende Seele,

Seine Iris ist der reflektierte Himmel,

Seine langfristige Perspektive ist das Ziel des Geistes.

EINE VERGEBUNG

Endlich traf ein PILGER EIN , DER SCHON LANGE GLÄUBIG WAR

Vor dem Tor des Paradieses und gegossen

Sein Stab stellte sich triumphierend zur Seite, um Druck auszuüben

Innerhalb des erträumten Ziels. Aber seltsam zu sagen,

Es öffnete sich nicht für seinen Eifer

Während er klopfte, bat er um den Weg.

„Nein", sagte der Schutzengel des Tores,

„Den Beweis deiner Gewissheit erwarte ich,

Der Sesam und das himmlischste Wort

Das geht hier vorbei! Drei Prüfungen werden dir bevorstehen,

Und wenn du es nicht bis zum dritten gefunden hast

Du kannst kein Vorrecht begehren, einzutreten."

So sicher war der Pilger das wahrste Recht

Muss derjenige mit der evangelischen Macht sein

Er antwortete schnell: „ LIEBE !"

Der Flügel des Engels

Er erwiderte mit gesenktem Gesicht:

„Nein, ein solches Plädoyer könnte jeder Sünder bringen

Wie jeder Heilige, dessen Eifer unbestreitbar ist.

„Kannst du dem Namen noch nicht näher kommen?

Von Gottes größtem Schlüssel?"

Der Pilger ließ

Seine Gedanken gehen nach außen in eine zweite Suche

Und antwortete langsam: „Warum ist es dann GNADE ,

Der Bund und das Siegel aller anderen,

Die Kette, deren Schloss die Liebe ist."

Das Gesicht des Engels

War immer noch mitfühlend, als er zurückhielt

Der Eingang, und sein Mitleid hätte

Das Passwort in seinen Augen, als er wieder

Antwortete: „Gnade ist wahrlich unsere ganze Hoffnung

In Versprechen und Erfüllung, aber es ist, wenn

Wir legen es uns zu Herzen, das Tor, das wir öffnen

Und unser Eingeständnis ist höchst göttlich;

Denn niemand kann das Wort denken, ohne sein Bedürfnis zu spüren

Und heilende Berührung."

Die Stirn des Pilgers wurde traurig,

Aber als er auf die Knie fiel, fiel er

Und erhob sich wie so oft in freudigem Staunen –

„ VERGEBUNG !"

Der Engel antwortete: „Gut!"

Und trat zur Seite, um ihn passieren zu lassen.

DER BARMHERZIGE SAMARITER

DER barmherzige Samariter war er
Wer Mitleid hatte, war nicht allein
Menschlich, aber göttlich. Wir
Muss über den Heiler hinausblicken – siehe
Der mitfühlende Retter – sei
Vergeben, aufgehoben und gezeigt
Das Herz der Liebe und in unserem eigenen
Beginnen Sie, das Mitgefühl zu spüren
Der aus seiner Menschlichkeit erwuchs
Zu Taten von solch göttlicher Güte.

Wie wenig ist es, zu dienen
Für eine arme Seele, wenn wir nicht fühlen
Die rührende Bruderschaft der Fürsorge,
Das Gefühl, wie leicht man sich irrt,
Zu fallen, das Gebet eines anderen zu brauchen,
Die Hilfe eines anderen! Aber wenn wir knien
Unser Mitgefühl muss echt sein
Genug, dass wir aufstehen und teilen können
Die Last unserer eigenen Berufung
Und hilf, das Kreuz unseres Bruders zu tragen.

Er ist der barmherzige Samariter
Wer liebt genug, um nie Unrecht zu tun,
Um jemals einen Bruder zurechtzurücken –
Um seine Wunden zu verbinden und den Plan zu gestalten
Von einem gütigen Leben, damit er es kann
Auch sein Nachbar macht mit.
Gesegnet seien die barmherzigen Starken!

Gesegnet sei der Mensch mit menschlichem Herzen

Wer hat nie ein lebendiges Lied ausgelöscht!

Denn er ist Gottes Samariter.

HIRTE VON ISRAEL

HIRTE Israels, höre

Der Ruf deiner Herde,

Und wenn wir suchen, sei du in der Nähe

Um uns zum Felsen zu führen

Wo wir satt und geschützt sind

Mittags kann man ruhen

Oder nachts Sicherheit finden

Vor all unseren lauernden Feinden!

Hilf uns, auf Deine Fürsorge zu vertrauen

Durch grüne oder karge Wege

Und unsere Zweifel und Ängste im Gebet zum Ausdruck bringen,

Unsere Seligkeit im Lobpreis!

Wenn Dornen unseren Weg säumen,

Zu fühlen, dass Du uns führst

Ist süße Gewissheit, Güte hat

Ein liebevoller Zweck also.

Leite uns durch lebendige Ströme

Dieser Anstieg in der Berghöhe

Und oben, wo die himmlischen Strahlen der Weisheit

Unsere Geister baden im Licht!

Führe uns in hohe Sphären,

Zu Visionen reich und weit,

Zu Gipfeln, die den Himmel berühren

Und hilf uns, Dich zu erkennen, Gott!

Die Leiter der Wolke

ES GIBT eine schöne Leiter aus fein gesponnenen Wolken

Das sich von der Erde bis zum Himmel erstreckt

Und auf und ab drängen sich die Engel

Mit Rufen und leiser Antwort:

AMRAEL

Kinder von Menschen, die nur durch das Sehen

Wisse, dass die Sterne existieren,

Es gab einen, der letzte Nacht über die Welt leuchtete

Durch eine Aureole aus Nebel.

MISCHAEL

Das sahen nur die, die es aufbewahrt hatten.

Die Mahnwache der Seher

Mit innerem Sinn; aber ihr, die ihr schlieft

Kannte die Zeichen der Jahre nicht.

URIEL

Der Lebensgeist wurde zum Star

Und wir, die Heroldschar;

Und wir sangen, während die Heiligen Drei Könige in die Ferne blickten

Und die Hirten im Himmel;

Freude der Welt! Denn siehe, ist geboren
Das Geschenkkind! Echo on
Und für immer Lied des Morgens,
Doch zitternd in die Morgendämmerung!

Refrain

Freude den Reinen im Herzen! Denn du
Nur du kennst den Wert
Und Bedeutung des Geschenks, die sich verneigen
Vor der Jungfrauengeburt.

Chor

Ein Hoch auf Madonnas Geschenk
Das soll die Erde zum Himmel erheben!
Alles Gute! Jubeln!

———

Was für eine sanftere Engelsstimme
Und Licht und Hörsinn
Beim letzten „Freue dich,
Madonnenverehrung!"

———

Die perlmuttfarbenen Flügel, die die Hostie umhüllt,
Die Stimmen verklingen,
Und die wunderschöne Leiter aus fein gesponnenen Wolken
Wird zum Tor des Tages.

———

Der auferstandene Christus bedeutet Sieg

GEHEN SIE hinaus und begrüßen Sie den Eroberer

Mit Blumen und heiligen Psalmen!

Der Triumph, den wir beobachten, ist mehr

Als das der kriegerischen Palmen;

Denn siehe! da kommt aus dem Grab

Der Herr des Lebens und des zukünftigen Lebens,

Um dessen Füßen blühen die Lilien;

Der auferstandene Christus bedeutet Sieg.

Gehe hinaus und auf Seiner lebendigen Stirn

Wickeln Sie einen Lorbeerkranz;

Denn noch nie war es so großartig wie jetzt

Die Herrlichkeit seines Todes!

Das Kreuz und das Grab waren gewesen

Die schlimmste Tragödie der Welt

Ohne den überwundenen Fluch der Sünde;

Der auferstandene Christus bedeutet Sieg.

Gehen Sie voran mit kostbarer Salbe

Zuneigung zu deinen Toten,

Mit der frohen, gläubigen Liebe des Osterfestes

Dass er, der für uns geblutet hat,

Wer schlief und wieder auferstanden ist, ist stark

Den Stein der Korruption wegrollen.

Und lass das Auferstehungslied los;

Der auferstandene Christus bedeutet Sieg!

DIE EWIGEN WAFFEN

WENN dunkle Schatten in unser Leben kommen,

Strenge Kreuze, aufopfernde Sorgen

Und andere eingebildete zeitliche Schäden,

Es gibt ewige Zuflucht davor

Unsere schrecklichen Zweifel und Ängste

In den ewigen Armen.

Wenn über unsere Seelen Versuchungen hinwegfegen

Und das Gute verliert die Hälfte seiner Anmut

Während die Sünde uns mit ihren Reizen verfolgt,

Es gibt keine Zuflucht mehr, die es zu behalten gilt

Sondern das ewige Versteck

In den ewigen Armen.

Wenn es dunkel und trostlos durch das Tal geht

Wir gehen oder sehen ein anderes Waschbecken

Und der Tod überkommt uns mit Schrecken,

Sei dann, Ewige Zuflucht, nahe

Um uns am Rande zu halten

In den Ewigen Armen!

Er gibt seinem Geliebten Schlaf

DIE Aufgabe ist erledigt, die Sonne ist untergegangen,

Die Abendschatten fallen schnell,

Der Kurs ist gelaufen und verweilt noch

Nur der Ruhm des Rennens;

Doch ehe die Belohnung für die Mühe

Die flüchtige Seele wird auferstehen, um zu ernten,

Gott lässt es eine Weile ruhen –

Er schenkt seiner Geliebten Schlaf.

Was, wenn die Augen im Tod geschlossen sind,
Die müden Hände sind jetzt gefaltet?
Leben wird entstehen, spricht der lebendige Glaube.
Und der Dienst des Wahrsagers wächst.
Es ist nur die Stille vor dem Tag.
Der Vater befiehlt seinen Engeln, ihn zu behüten
Der Schatz, den wir aufbewahren –
Er schenkt seinem Geliebten Schlaf.

Aber nicht, oh nicht für immer so
Verhüllt der Tod unsere Stillen?
Wir wissen nicht, was uns verklärt,
Was für ein Wunder der sich beschleunigenden Sonnen –
Aber wir warten auf ihre heilenden Flügel,
Ihr lebendiger Blitz, seraphischer Schwung,
Der Ruhm des Königs der Könige
Wer schenkt seinem Geliebten Schlaf.

Die Herrlichkeit wohnt

OH , der Ruhm, von dem wir träumen
Zittern über Bethlehem!
Magier folgen dem Strahl von
Sternenprophezeiung für sie!
Hirten erschreckten durch den Schein von
Himmlisches Licht und Engelshymne!

Die Zeit hat die Vision geheiligt,
Aber ich weiß, dass Ruhm wohnt

Nicht nur im Krippendorf,

Noch im Traum, den der Prophet erzählt,

Aber wo immer es einen bescheidenen

Kinderherz, dort schwillt die Herrlichkeit an.

Stolz der Erde und Pomp der Macht

Blenden Sie mit ihrer Lametta-Show;

Aber verglichen mit der Mitgift der Güte

Sie sind nur noch ein Schimmer vom Glühen.

Stolz währt nur eine Stunde,

Güte führt zu Ruhm.

DAS LICHT DES LEBENS

O LICHT des Lebens, leuchte du

In meine Seele wie die Sonne des Tages

In die Welt, um sie mit meinen Augen zu sehen!

Enthülle das Gute und das Böse – bring mir bei, wie es geht

Nicht stolpern, sondern den lebendigen Weg gehen

Das erfüllt die Erde mit der Herrlichkeit des Himmels!

Möge es Geisterweckungen geben

Das begeistert das Wesen mit seiner Reaktionsfähigkeit

Damit die Vision nicht nur menschlich und uninspiriert ist!

Ah, lass es pochen, bis es aus der Vision entspringt

Gesalbte Natur, um sich im Leben auszudrücken

Die Gnade, die das Himmlische begehrenswert macht!

DESIGN

DAS Universum der rollenden Kugeln
Ist nicht für die Zurschaustellung der Gottheit bestimmt
Aber für einen Zweck, der offensichtlich ist
In seiner übernatürlichen Harmonie.

Seine Masse, die in Schwung fegt,
Seine Energie der Elemente,
Die Ordnung, die sein System aufrechterhält
Sind Aspekte der Allmacht;

Und die Kraft, die ein solches Design ausübt
Ist ein Beweis der Präsenz überall
Intelligent, erhaben, göttlich,
Sowohl in der Schöpferschaft als auch in der Fürsorge.

Denn in Seiner Obhut über die Welten
Er-Über-Alles offenbart
Eine größere Kraft als die, die wirbelt
Sie auf ihrem Weg auf sein Geheiß,

Ein höherer Zweck als die
Die Himmel wurden von seiner Herrlichkeit erleuchtet;
Denn es ist der ewigere Plan
Die ganze Schöpfung fit zu machen

Für die Gemeinschaft mit dem Gott der Natur
In höheren Begriffen der Weisheit, der Wahrheit
Und Liebe durch vollkommenen Willen begabt,
Wofür die Welten nur der Beweis sind.

Du Überseele, die du Geist bist
Und beherrschst Stern, Woge und Wind,

Lehre uns Deine Majestät zu Herzen

Und spüren Sie in der Musik einen vollkommenen Geist!

LIED

GOLDENE HOFFNUNG

Es gibt nichts auf der Welt, das so süß ist

Wie die Hoffnung, die niemals stirbt,

Dass wir uns irgendwann irgendwo treffen werden

In glücklicherer Liebe jenseits des Himmels –

Oh, jenseits des Himmels so golden,

Mit der Hoffnung des alten Himmels;

Denn es gibt nichts auf der Welt, das so süß ist

Als die alte, goldene Hoffnung wieder zu treffen!

Es gibt nichts auf der Welt, das so schnell ist

Wie die Hoffnung, die immer, immer fliegt

Schnell vorwärts, hinauf zum Sitz

Von vollkommener Liebe jenseits des Himmels—

Oh, jenseits der so leuchtenden Himmel,

Mit wachsender Hoffnung auf den Himmel;

Denn es gibt nichts auf der Welt, das so süß ist

Als die glühende, wachsende Hoffnung wieder zu begegnen!

Es gibt nichts auf der Welt, das so großartig ist

Wie die Hoffnung, die uns ruft, uns hilft aufzustehen

Mit reaktionsfähigeren Händen und Füßen,

Mit fröhlicheren Zungen und klareren Augen –

Oh, am Himmel so golden,

Mit der Hoffnung des alten Himmels;

Denn es gibt nichts auf der Welt, das so süß ist

Als die alte, goldene Hoffnung wieder zu treffen!

DIE KOMMENDE KRÖNUNG

WENN die Wagen des Ruhms

Komm blitzschnell aus dem Osten

Am Tag der Adventsgeschichte,

Die Krönung Christi;

Wenn die Wolken wie Seraphen emporsteigen

Und strahlende Flügel

Mit unzähligen Engelscharen,

Und die Himmel erschallen vor Entzücken –

Meine Seele, willst du unerschrocken

Möchten Sie der Ankunft des Königs entgegensehen?

Wenn die Erde die gesegnete Vision

Mit erhobenen Augen sieht

Und spürt den raschen Übergang

Von Herrlichkeit, die umhüllt;

Wenn vom Himmel herabsteigt

Die Heerscharen des Himmels bringen

Das Königreich endet nie

Davon singen alle Völker –

O Geist, willst du vermischen

Begrüßen Sie das Kommen des Königs?

Wenn Throne zur Gnade aufgestellt werden

Und ich liebe es, zu dienen

Für die Nackten, Kranken und Durstigen

Und alle, die in Ohnmacht fallen oder irren;

Wenn der Herr der Herrlichkeit regiert

Und Weihrauchgefäße schwingen im Chor

Mit den Lobpreisungen verordnet Gott
Während der Himmel seine Banner weht –
O Seele, eine Krone, die gewinnt,
Kröne und setze den König ein!

DER LEBENDE BECHER

SAMMLE alle Schönheit und Reichtümer der Welt,
Das Erröten der Blumen und das Erröten des Liebhabers,
Die Schätze aus Gold und Perlen;
Aber Sie werden nie genug haben, um alles zusammenzufassen
Der Reichtum und der Schatz steigen
Wie der Segen des Trinkens
Der Kelch des lebendigen Wassers.

Sammle alle Musik und die Quellquellen der Liebe,
Der Wunsch des Herzens, das Feuer des Räuchergefäßes
Und oben eine sternenklare Heerschar;
Aber Sie werden nie genug haben, um alles zusammenzufassen
Die Seele der Freude erhebt sich
Wie der Segen des Trinkens
Der Kelch des lebendigen Wassers.

Sammeln Sie alle Herrlichkeiten und Triumphe aller Zeiten,
Vom Stolz der Tempel und weiten Königreichen
Und Anmut und Kunst sind erhaben;
Aber Sie werden nie genug haben, um alles zusammenzufassen
Die Freude des Himmels steigt

Wie der Segen des Trinkens

Der Kelch des lebendigen Wassers.

DIE SÄNGER

OH , das Lied der Seele, nach dem wir für immer gesucht haben,

In vergangenen und kommenden Zeitaltern,

Aber was ist mit den Stimmen, deren edelstes Unterfangen?

Muss es so hoch angehoben werden, wie es aus der Höhe stammt?

Denn das Lied muss sich auf den Flügeln des Geistes erheben

Und aus dem Herzen, das vor Liebe entbrennt

Bevor die ganze Welt es hören wird,

Vor den Sinnen der Welt zittert es oben.

Oh, das Lied der Seele, nach dem wir gesucht haben, wo auch immer

Es gibt Schönheit oder Sonnenschein, Ruhm oder Freude;

Aber was ist mit den Stimmen, deren Lob sich häufen muss?

Die Echos, die mit den Lippen verschmelzen, die sie benutzen?

Denn die Noten müssen den Seelen entspringen, die sie erwecken

Und aus den Herzen entzünden sie sich mit Liebe

Bevor die ganze Welt durch ihre Süße erschüttert wird,

Sie triumphieren über das Leben dieser Welt.

Oh, das Lied der Seele, das wir wie einen Schatz gesucht haben

Wo immer es Königreiche, Juwelen oder Gold gibt;

Doch was ist mit den Stimmen, deren himmlisches Maß

Der Reichtum des reichsten Schatzes der Welt muss es enthalten?

Denn das Lied muss aus der größten Leidenschaft der Welt geboren werden
werden

Und aus einem Herzen, das von Liebe entzündet war
Vor aller Welt kann seine Macht formen
Zu einem Ruhm wie dem des Meisters da oben.

Die Dornenkrone

O DORNENKRONE auf der Stirn
Von ihm nagelten sie auf Golgatha,
Die Winde und der Stachel der Schlange warst du,
Das Siegel der Sünde und Qual.

Chor

Denn wo die Trauer und der Gedanke an uns
Die Stirn des Erlösers hatte getragen,
Sie legten die SPOTT *des Kreuzes,*
Die Dornenkrone, die Dornenkrone .

O Dornenkrone, deren Leiden
Der Retter der Welt ertrug,
So heilte er den Stachel der Schlange,
Der böse Geist der Natur wurde geheilt.

Chor

Denn wo die Trauer und der Gedanke an uns
Die Stirn des Erlösers hatte getragen,
Sie setzen die KUMMER *des Kreuzes,*
Die Dornenkrone, die Dornenkrone.

O Dornenkrone, deren Wunden wurden
Die Narben des Sieges versöhnen,
Der Ruhm, wo einst die Schande war –

Das Diadem des Himmels sei!

Chor

Denn wo der Kummer und der Gedanke an uns

Die Stirn des Erlösers hatte getragen,

Sie setzen die TRIUMPH *des Kreuzes,*

Die Dornenkrone, die Dornenkrone .

SINGEN SIE MIT

Ich habe eines Tages bei der Arbeit ein altes Lied GESUNGEN :

Was kümmerte mich, der ich lächelte,

Was kümmerte es mich, der ich die Stirn runzelte?

Solange mein Lied die Aufgabe als Spiel erscheinen ließ,

Was kümmerte es mich, wie viele auf der Suche nach Vergnügen waren?

Ich hörte nicht auf sie, bis sie auch

Wir sangen ein Lied, das die Arbeit froh machte,

Und dann gingen wir gemeinsam singend los.

Ich habe um meine Liebe geworben, als wir noch Träumer waren –

Was kümmerte mich der, der lachte

Was kümmerte es mich, der ich seufzte?

Solange meine Liebe die Welt für mich war,

Was kümmerte mich das, die anderen auf der ganzen Welt?

Ich hörte nicht auf sie, bis sie auch

Träumten vom gleichen Liebeszauber,

Und dann gingen wir gemeinsam träumend weiter.

Also arbeitete ich mit einem Liebeslied für meine Aufmunterung –

Was kümmerte mich der Hass

Sowohl Arbeit als auch Freude?

Solange meine Lieben mir lieb waren,

Was kümmerte es mich, wie andere liebevolle Legierungen machten?

Ich beachtete sie nur, wenn sie es auch waren

Waren Teil des Liedes, das Cherube anschwellen lassen,

Und dann haben wir gemeinsam mitgesungen.

ECCE HOMO!

AM Kreuz sehe ich ihn genagelt,

Der Mann von Nazareth;

Seine Stirn ist durchbohrt, sein Gesicht blass

Mit den Leiden des Todes.

Um ihn herum versammeln sich diejenigen, die hassen

Und diejenigen, die Ihn am meisten lieben

Um sein von der Sünde bestimmtes Schicksal zu beobachten

Mit Trauer oder rücksichtsloser Prahlerei;

Und als sein flehendes Gesicht scanne ich

Die ganze Geschichte schreit: „Siehe, der Mann!"

Seine verletzten Hände und Füße sehe ich,

Der Brunnen von seiner Seite;

O Kalvarienberg, oh Kalvarienberg,

Siehe den Gekreuzigten!

Doch nicht die grausamen Dornen sind die Schlimmsten

Kein Blut der Angst vergoss,

Aber dass der Sündenlose verflucht ist

Für die ganze Schuld der Rasse;

Und als sein flehendes Gesicht scanne ich

Die ganze Geschichte schreit: „Siehe, der Mann!"

Doch als ich auf seinem Gesicht geschädigt war

Mit Schuld- und Trauerblick

Es verändert sich von der Schönheit vernarbt

Das wundersamste Gesicht der Zeit.

Eine Herrlichkeit wie vom Himmel bricht herein

Auf der Dornenkrone

Und jede gequälte Funktion dauert

Eine Liebe aus Leidenschaft geboren;

Denn wie sein flehendes Gesicht erkenne ich

Die ganze Geschichte schreit: „Siehe, der Mann!"

Die Liebe, die ihm die Füße gewaschen hat

SIE kam, als der Herr beim Abendessen ruhte,

Sie kam mit süßer Absicht;

Nicht von der Art des Gastgebers oder Dieners

Ihm beim Essen vorenthalten;

Denn sie kam, um ihm die Füße zu waschen.

Sie tränkte sie mit Tränen der Trauer,

Sie wischte sie mit ihren Haaren ab,

Sie küsste sie, bis sie Erleichterung verspürte

Und es gibt Worte der Verzeihung

Als sie sich hinkniete, um Seine Füße zu waschen.

Sie liebte es am meisten, weil sie es wusste

Die Vergebung ist so groß;

Sie liebte und nichts anderes konnte sie tun

Um ihre Liebe vollständig zu beweisen

Sondern um die Füße ihres Erlösers zu waschen.

Sie besaß kein schönes Waschbecken,

Kein teures Parfüm mitbringen;

Aber ihr wurde der wahrste Dienst erwiesen

Dessen Glauben wird die Welt singen

Wie die Liebe, die Seine Füße wusch.

O Sünder, die Gegenwart des Erlösers ist immer noch vorhanden

Neben dem Sitz von Compassion

Um jedem zu verzeihen, der will

Das Vertrauen der Frau wird wiederholt

Und küsse die Füße des Erlösers!

Lass reuige Tränen die Bitte um Gnade sein

Und ich liebe seine Leidenschaftspresse

Auf den Füßen des Dienstes

Das kam, um zu retten und zu segnen

Die Hände, die seine Füße umfassen!

VERSCHIEDENES

Die geschlossene und offene Hand
DIE FAUST

Ich SCHLOSS meine Augen und öffnete sie wieder,
Und während sie geschlossen waren, sah ich
All die schrecklichen Dinge, die Männern passieren
Im Namen der Sache und des Gesetzes.

Ich sah die Qualen und Mühen
Wie der Preis für Brot und Geburt;
Ich sah, wie sich das Schicksalsband entwirrte
Um die hilflose Erde;

Eine Million, die edel gekämpft hatten
Gehe unter in eine grimmige Niederlage,
Eine Million, die ihr Herzblut gaben
Vom stolzen Ehrensitz verschmäht;

Die Hoffnung wurde verspottet und die geliebten Ideale zerstört,
Die Wahrheit zerschlagen und gekreuzigt,
Die Früchte der Liebe und Arbeit verstreut
Und Gier über Güte reitet;

Fluche wie ein Ghul Verzweiflung und Trauer
Gehen Sie an der Tür des Rennens,
Versprechen für morgen und morgen
Die Welt noch mehr verfluchen.

Und als die Menschen gebrochen und geschlagen wurden
Ich sah die Dunkelheit aufziehen

Zu einem Stirnrunzeln des Hasses und langsam verdicken

Zu einer geisterhaften Gestalt des Untergangs.

Schatten, Donner, Trauer und Grobheit
Versammelt in einer schwärzeren Masse,
Die Katastrophen und Kreuze des Lebens
Umhüllte die Mitternacht allen Raumes

In – Gott! Welch furchtbare Ähnlichkeit
Von einem riesigen Arm und Handgelenk
Noch schwärzer, um uns zu schlagen
Als geballte grandiose FAUST !

DIE OFFENE HAND

Ich schloss meine Augen und öffnete sie wieder,
Und als sie offen waren, sah ich
All die schönen Dinge, die den Menschen widerfahren
Durch ein milderes Gesetz.

Ich sah den lächelnden Himmel sich beugen
Über dem fruchtbaren Land,
Die Schönheit und die Fülle vermischen sich,
Der Kuss des Meeres am Strand;

Die Liebe in der Arbeit und die Belohnung
Von Zuhause und geschmiedetem Ideal,
Der Segen hinter der Last,
Der Wert, der das Wohl bewirkt;

Die Herrlichkeit des Opfers,
Die Heiligkeit und das Lied

Vom Segensmessbuch der Natur
Über Leid und Unrecht.

Ich sah das Gute und die Anmut der Jahreszeiten
Strahlend vor goldener Ernte,
Und tausend Gründe für Vertrauen geben
Im Blumenfest und im Feld;

Bis ein nebliger Plexus zitterte
In der Luft und anonym
Eine Präsenz wie die der Liebe ähnelte
Durchsichtig im Morgengrauen,

Mit glitzernden Morgengewändern,
Doch von dessen starkem Charme
Von göttlicher Gloriole und Schimmer
Da streckte sich ein Titanenarm AUS.

Erde und Himmel schienen zu verschmelzen
Von hauchdünnen Fingern umspannt
Und wurde wie im Segen
Eine mächtige, OFFENE HAND.

DER MENSCHENVOGEL

DER Vogelmensch war auf seinen Flügeln gespannt,
Stärkt das ungeduldige Herz
Und als Federn in den Weltraum montiert
Ein gefangener Adler, wenn er freigelassen wird
Von Dauer; aber obwohl menschliche Kunst
Könnte nachahmen, seine Genialität hörte auf

Zu kurz, um ein Geheimnis zu erzwingen
Die wilde, wilde Beherrschung des Fliegens
In spiralförmigen Schwüngen, oben
Der schwindelerregendste Gipfel des Sehens.

Der Mensch konnte nur folgen, wie er es wagte
Mit Flugzeug und Motor, Zufall und Nerven,
Doch wie ein Jupiter, dem es mutig erging
Über das höchste Firmament;
Über Wirbel mit Sturz und Ausweichmanöver,
Über Luftabgründen, wo der Schrei
Von Harpyien hallte spöttisch wider
Auf zu gespannten Ohren – und doch immer auf
Über den blendenden Süden und den stürmischen Norden,
Triumphierend rauf oder steil rauf!

Zehntausend Fuß hoch, ihr Götter,
Man versucht Schlussfolgerungen für Ihr Reich
Und riskiert sein Leben mit waghalsigen Chancen
Über das sturmgepeitschte Vlies reiten;
Ein moderner Jason am Ruder
Von Sirenen gelockt wie er aus Griechenland
Zu verzweifeltem Wagnis; doch zu scheitern

Ein Pulsschlag für einen aufregenden Blick—
Na ja, die Mutigsten werden vielleicht blass
Und wähle zwischen Ruhm und Unglück!

Einen Moment lang balancierte der Vogel,
Dann stürzte Jupiter auf die Erde wie nie zuvor
Ritt das Gewölbe von Superman hinunter.

Windstöße heulten und Wolken flohen vorbei,

Der Tod raste neben ihm her und Dämonen kämpften

Ein dünnes Teil oder eine dünne Lage zerreißen;

Aber makellos, sehnig, Mensch und Ross

Kam blitzend und rollte immer weiter nach unten

Mit der dreifachen Geschwindigkeit eines römischen Renners

Zur Erde und zum Ruhm des Eroberers.

DIE PHANTOMKAVALLERIE

WAS kennt die Welt der Schlachten? Die Geschichte schreibt

Die Taten von Männern mit Blut und Triumph begrüßen uns

Als Trophäe ihrer Tapferkeit, Bewaffnung

Oder besseres Glück, wenn man denkt, wer kämpft

Mit sichereren Chancen oder Taktiken scheitert es selten

Im letzten Holocaust des Kriegsereignisses.

Leidenschaftliche Augen sehen die Schattengestalten nicht

Das schwebt an der Flanke der angreifenden Heerscharen,

Bereit, sich als Chance-Array zu etablieren;

Keine einzige der versammelten Zeilen entkommt

Wenn der Spott das Phantom der Centauri ist, prahlen sie

Von kriegerischem Stolz und Bestürzung.

Ach, Waterloo! wo vernarbte Bataillone kämpften

Und überwältigten einander, blutgetränkt,

Sie schleudern ihre Truppen mit wilder Ohnmacht –

Die erobernde Kavallerie, die über dich fuhr

War es nicht das, was der Korse rezensierte,

Noch nicht der Eiserne Herzog mit grimmigerem Verstand.

Ah, Gettysburg! deren mörderische Brigaden

In den Trümmern einer Horrorhölle getroffen

Oder wie Dämonen in den Rachen des Todes stürzten –

Deine unwiderstehlichsten Reiter waren die Schatten

Von anderen einstigen Schrecklichen, die fielen

Das Schwert aus der vergifteten Scheide ziehen.

Vergeblich einander die Kehlen, die blauen und grauen

Springt herbei wie die Wölfe des Winters, die nach Fleisch gieren,

Und doch ungestillt, bis die Mordlust übersprang

Im Jubelschrei des Sieges!

Nicht alle deine Kolumnen sind alt oder frisch

Könnte das Feld retten durch grausige Leichen, aufgehäuft

Gegen das gespenstische Geschwader, das vorrückte

Sowohl Fighting Phil als auch Morgan's Men,

Wie an der Flanke der Schlacht hing es unheimlich

Oder wo die Drachenzähne des Hasses gesät wurden

Erhob sich als kopfloser Reiter, bewaffnet zum Angriff

Und den Angriff mit wütender Kraft zurückschlagen.

Sie tauchten auf wie Erscheinungen, aus Angst geboren,

Doch grauenhaft real und furchtbar unheimlich,

Auf der Höhe jeder Vorhut und jeder Bastion;

Über Schützengräben und Gewehrschüsse fegten sie verächtlich

Oder trug Panik in die gebrochene Rückseite

Bis alles nur noch Blutvergießen, Feigheit und Flucht war.

Unbesiegbare Formationen, Ansturm der Angriffe

Der kühnsten Rache, die schrecklichsten Manöver

Mit allumfassender Zerstörung – alles vor

Der Angriff der Legionäre

Wurden wie Spreu von Wirbelsturm und Feuer weggefegt

Und erhob sich nie wieder zu seiner Tapferkeit.

Doch galoppierte die Geistertruppe wie einst

In jeder blutigen Schlacht nie tot

Und noch nie besiegt; Phantome immer noch

Dieser Galopp, Galopp über die sterbliche Form

Von jedem tragischen Schlachtfeld einmal rot

Mit dem Herzblut der Verrückten nach dem Willen ihres Landes!

Du nennst mich Bruder

DU nennst mich deinen menschlichen Bruder; Also,

Bin ich weniger Fleisch und Geist als du selbst?

Oder weniger berechtigt, demütig zu leben

In ehrlicher Ruhe und viel, was es zu vertiefen gibt

Ist ebenso edel wie zu zeichnen

Aus den reichen Tiefen ausgegraben? Oder ist das Gesetz

Vom Vorwand der Brüderlichkeit? – Unsere getrennten Grundstücke

Aber unterscheiden Sie sich als unsere Marke, nicht als unser Produkt.

Teilen Brüder nach ihren Gedanken?

Oder grob, je nach Bedarf?

Wenn du denkst, dass du am Ende besser bist

Als ihm schmeichelst du, du bist kein Freund.

Du nennst mich deinen Bruder und lobst mich

Mein Kampf darum, mich zu rächen und festzuhalten

Sie selbst bestimmen die Chancen auf einen Vorteil, also das Rennen

Ist für die Schnellen und Starken – und er ist der Letzte

Dessen arbeitender Körper schmiedete das Wagenrad

Das bringt dich zum Glück. Es war Basis

Um den Unterschied zwischen Fest und Fasten zu machen,

Vom vollen und leeren Maß unseres Wohlergehens;

Denn ich bin der, der ausgegeben hat – der Spender, der du bist;

Dennoch nennst du mich Bruder! Himmel, wie?

DER SINGENDE TOD

MÄNNER flüstern leise von Gespenstern, Kalibanen

Und fast teuflische Flüche vor Unheil,

Geheimnisvolle Unholde wie Höllenhunde, Werwölfe und Ghule

Und andere namenlose Gestalten wie Dschinns und Janns

Das entspringt Dämonenspuk und Schleichen oder Weben

Zur angsterfüllten Fantasie schwacher Seelen.

Aber niemand hat die Geißel des Singenden Todes beim Namen genannt,

Die schreckliche Realität, die aus der Hölle kommt

Kommt so oft zum Vorschein, wie die Blutgier brennt;

Verdorbenheit und Zorn machen seinen Atem vulkanisiert

Als er, unersättlich nach Fleisch verlangend, fiel

Es stürzt herab, verschlingt und kehrt noch blutiger zurück.

Eine Armee versammelt sich voller Entschlossenheit

Und es gibt Kampfmusik und Vorführungen

Von Ruhm, bedrohlich durch das menschliche Schicksal;

Denn bevor sich das Zifferblatt wieder drehen soll

Der singende Tod wird jubelnd jagen

Auf den Gastgeber, bis das Grauen den Hass übertrifft.

Eine schwimmende Zitadelle lässt sich hervorragend steuern

Ihr Ozeankurs mit entfalteten Siegesflaggen,

Dem Meer und dem Feind gegenüber unbesiegbar;

Doch irgendwo aus heiterem Himmel während ihrer Karriere

Der Singende Tod wird von Titanenkräften geschleudert

Wird mit vernichtendem Gelächter über ihren Decks schreien.

Horchen! Höre es wie Erbrochenes aus der Kehle

Von Hades, der durch die schwefelhaltige Luft rast,

Mit einer Kreuzung zwischen dem Stöhnen von Manes' Geist,

Die Folter des Infernos und die Notiz

Von der Verzweiflung des vom Geier zerrissenen Prometheus?

Ah! Es ist der singende Tod der Kanonenrakete!

Es spielt kein Diapason als das Brüllen

Es hinterlässt einen Ort, an dem lautes Donnern erklingt,

Auch nicht wie das mächtige Anschwellen von Orgelrohren;

Aber alle Stopps der Schlacht steigen über,

Es schreit und endet mit einem Stöhnen

Von tödlicher Qual, wo Tapferkeit blutet.

Es singt nicht wie ein Meister für Applaus,

Mit perfekter Stimme und großer Brust

Bis das Lied zum Triumph aller Zeiten wird;

Vielmehr handelt es sich um ein Klagelied, das die Mängel widerlegt

Mit den höllischen Künsten der Zeit, damit Gott sich nicht erhebt

Die Welt durch Liebe zum erhabenen Chor des Friedens.

DER ALTE MOND IN DEN ARMEN DES NEUEN

DER junge Mond geht tief auf
Genau dort, wo die Erde vorbeifliegt
Hat beiseite gestanden, um ihm beim Wachsen zu helfen,
Sobald es zur Geburt gekommen ist.

Doch auf des alten Mondes Rücken
Das Bild des neuen
Reflektiert ist mit Glanz-Mangel
Von der Erde aus entzündete es sich.

In strahlenden Armen der Jugend
Der Vater wird umarmt;
Die silberne Kante der alten Wahrheit
In jüngeren wird die Wahrheit aufgespürt.

Der Verschluss der Morgenliebe
Verkörpert das von Eva;
Und die Erinnerung ist im Halbmond
Kinderaufschub im Alter.

Eine kränkliche Sichel umrahmt
Der Lustvolle, der erntet;
So Macht, Vergnügen, Reichtum, Ruhm
Blass, wenn der schärfere fegt.

Unser neuester Wunsch entfaltet sich
Die Hoffnung, die fast erschöpft ist,
Und jeder Rand des Versprechens hält

Von der Vergangenheit in die Zukunft.

Aber nicht so schwach sagen
Die Jugend ist auf den Fersen

Im Alter, aber das ist der Lauf der Natur
Unsere unzähligen Kugeln offenbaren es.